FÁBIO SILVA

SEJA FODA EM DIREITO CONSTITUCIONAL

Direitos e Garantias Fundamentais

Manaus 2019

Agradecimentos

A todos os milhares de alunos que possuo nas redes sociais (Youtube, Facebook e Instagram), totalizando quase 500 mil seguidores/inscritos, muito obrigado pela confiança em meu trabalho, prometo que não vou decepcioná-los, estaremos juntos até a posse.

Dedicatória

Dedicado a uma princesinha chamada Valentina, que com a sua chegada em minha vida, me inspirou a deixar esta contribuição para todos aqueles que desejam vencer na vida através dos seus próprios méritos. Maior ensinamento que quero deixar para você.

SUMÁRIO

INTRODUÇÃO   11

TEORIA GERAL DOS DIREITOS FUNDAMENTAIS   13

  1. História dos Direitos Fundamentais   14

  2. Diferenças de Direitos Fundamentais e Garantias Fundamentais   15

  3. Rol de Direitos Fundamentais: Taxativo ou Exemplificativo   15

  4. Características dos Direitos Fundamentais   16

  5. Gerações/Dimensões dos Direitos Fundamentais   20

  6. Diferença de Direitos Fundamentais e Direitos Humanos   24

  7. Tratados Internacionais e a Constituição   24

  8. Eficácia das Normas Constitucionais   26

  9. Tribunal Penal Internacional   30

ESPÉCIES DOS DIREITOS FUNDAMENTAIS   31

  1. Direito à vida   32

  2. Princípio da Igualdade   35

  3. Princípio da Legalidade   38

  4. Princípio da Dignidade da Pessoa Humana   39

  5. Liberdade de pensamento e suas limitações   41

  6. Liberdade de Consciência, Credo e Filosofia   45

  7. Inviolabilidade do domicílio   49

  8. Inviolabilidade das correspondências e comunicações   53

9. Liberdade do exercício de trabalho, ofício e profissão — 58

10. Liberdade de locomoção — 60

11. Liberdade de reunião — 61

12. Liberdade de associação — 62

13. Direito de propriedade — 65

14. Direito do consumidor — 70

15. Direito de Informação, de Petição e de obter Certidões — 71

16. Propriedade intelectual — 73

17. Direito de herança — 74

18. Inafastabilidade da Jurisdição — 74

19. Direito adquirido, Coisa Julgada e Ato Jurídico Perfeito — 76

20. Princípio do Juiz Natural — 77

21. Tribunal do Júri — 78

22. Princípio da Legalidade e da Irretroatividade da Lei Penal — 82

23. Da Proteção dos Direitos e Liberdades Fundamentais — 83

24. Crimes Constitucionalizados — 83

25. Princípio da Sucessão e Individualização da Pena — 84

26. Direitos Constitucionais do Preso — 85

27. Extradição — 86

28. Princípio do Devido Processo Legal — 89

29. Princípio da Ampla Defesa e do Contraditório — 90

30. Provas Ilícitas — 92

31. Presunção de inocência e Identificação Criminal — 94

32. Ação Penal Privada Subsidiária da Pública — 96

33. Publicidade de Atos Processuais — 96

34. Prisão na Constituição Federal — 97

35. Assistência Judiciária gratuita e indenização por erro judiciário — 98

36. Ações e Medidas gratuitas	99
37. Celeridade Processual	100

REMÉDIOS CONSTITUCIONAIS — 101

2. Habeas Corpus	103
3. Mandado de Segurança coletivo e individual	108
4. Mandado de Injunção coletivo e individual	111
5. Habeas Data	114
6. Ação Popular	116

QUESTÕES DE DIREITO E GARANTIAS FUNDAMENTAIS — 121

QUESTÕES COMENTADAS — 157

SOBRE O AUTOR — 211

INTRODUÇÃO

Fala pessoa, aqui é o Professor Fábio Silva. Bom, depois de anos e anos ministrando aulas de Direito Constitucional em diversos cursos preparatórios para concursos públicos, resolvi copilar tudo em uma apostila. Espero sinceramente que ajude cada um de vocês a conquistar a tão sonhada aprovação no concurso públicos desejado.

Nosso curso de Direitos e Garantias Fundamentais neste ebook envolverá 3 grandes temas:

I. **Teoria Geral dos Direitos Fundamentais**: neste ponto vamos falar os assuntos preliminares que você precisará para resolver questões que não estão, muitas das vezes, expressas no texto constitucional, como por exemplo a parte de Gerações dos Direitos Fundamentais e Eficácia das Normas Constitucionais.

II. **Espécies de Direitos Fundamentais:** neste ponto vamos entrar diretamente na análise dos 78 incisos do Art. 5º da Constituição Federal, sempre com uma abordagem de fácil compreensão para facilitar a sua memorização.

III. **Remédios Constitucionais:** ponto crucial para provas de concursos públicos e OAB, pois vamos falar tudo sobre Habeas Corpus, Habeas Data, Mandado de Segurança, Mandado de Injunção e Ação Popular.

CAPÍTULO I

TEORIA GERAL DOS DIREITOS FUNDAMENTAIS

1. HISTÓRIA DOS DIREITOS FUNDAMENTAIS

Boa parte dos autores considera o marco fundamental histórico dos direitos fundamentais a **Carta Magna de 1215, de João Sem-Terra**, Rei Inglês que se viu acuado pelos populares, que não mais aceitavam os impostos exorbitantes e exigiam a limitação do poder real.

Nesta época não existiam Direitos Fundamentais, nem mesmo liberdades individuais, justo por isso, o confronto com o Senhor Feudal João, que teve que assinar o documento hoje conhecido como "Carta do João Sem Terra", reconhecendo uma série de direitos à população.

Atualmente, o principal marco histórico fundamental é a Declaração Universal dos Direitos Humanos, que conforma os direitos humanos gerais, e proclamada pela Organização das Nações Unidas em dezembro de 1948, como forma de reagir à barbárie e aos horrores das duas grandes Guerras Mundiais, além de buscar assentar os alicerces de um mundo pautado pela paz e pelo entendimento entre as nações, notadamente as grandes potências.

Antes disso, vamos estudar algumas características importantíssimas relativas aos direitos fundamentais, que você precisa guardar e não esquecer mais, para esse e outros concursos que virão por aí.

2. DIFERENÇAS DE DIREITOS FUNDAMENTAIS E GARANTIAS FUNDAMENTAIS

Direitos Fundamentais: são prerrogativas conferidas pela Constituição de um Estado ao seu povo. São os mais importantes de um país.   Vida, Religião, Locomoção, Reunião, Associação, Vedação a tortura.

Garantias Fundamentais: Nada mais são do que instrumentos de proteção dos direitos fundamentais, caso sejam violados pelo Estado.   Habeas Corpus, Habeas Data, Mandado de Segurança, Mandado de Injunção e Ação Popular.

3. ROL DE DIREITOS FUNDAMENTAIS: TAXATIVO OU EXEMPLIFICATIVO

A palavra ROL significa LISTA, dizer que o rol de Direitos Fundamentais constantes no Art. 5º é taxativo, significa que não existem outros direitos fora do referido artigo. Dizer que o rol de Direitos Fundamentais é exemplificativo, significa que existem sim outros direitos fundamentais fora do Art. 5º.

E aí concurseiro, qual a resposta correta: Taxativo ou Exemplificativo? Vamos ver o Art. 5º, parágrafo 2º, da Constituição Federal:

> *Art. 5º, § 2º Os direitos e garantias expressos nesta Constituição não excluem outros decorrentes do regime e dos princípios por ela adotados, ou dos tratados internacionais em que a República Federativa do Brasil seja parte.*

Pela simples leitura já podemos deduzir que se trata de um rol exemplificativo.

4. CARACTERÍSTICAS DOS DIREITOS FUNDAMENTAIS

A doutrina e a jurisprudência estabeleceram um elenco de características gerais dos direitos fundamentais, que devem ser guardados por você:

I – **Historicidade e Mutabilidade**: São históricos, como qualquer direito, segundo José Afonso da Silva. Nascem, modificam-se e alguns desaparecem. Evoluem com o correr dos tempos.

II – **Indisponibilidade ou irrenunciabilidade:** Os direitos humanos são irrenunciáveis e inalienáveis. São alienáveis porque o seu titular não pode sobre eles dispor ou transferir a terceiros, direitos que lhe são inerentes, personalíssimos.

Além disso, não se admite a renúncia total por parte do indivíduo de um direito fundamental. Ou seja, é característica deles serem irrenunciáveis.

III – **Imprescritibilidade**: seu exercício não prescreve, podendo ser invocados a qualquer tempo, não obstante seu caráter histórico e mutável. Enquanto existir de forma vigente a nossa atual Constituição Federal de 1988, vamos ter os direitos fundamentais nela prescritos.

IV – **Aplicação imediata**: as normas que consagram os direitos e garantias fundamentais têm, em regra, aplicação imediata (CF, art. 5º, § 1º). Excepcionalmente, algumas normas definidoras de direitos e garantias individuais possuem eficácia plena ou imediata. Algumas constituem normas de eficácia contida ou restringível, que podem ser restringidas por norma infraconstitucional ou mesmo eficácia limitada, que necessitam de concretização normativa ou da Administração. Mas tal assunto vamos estudar mais para frente.

> Art. 5º. § 1º As normas definidoras dos direitos e garantias fundamentais têm aplicação imediata.

V – **Limitações circunstanciais**: Em situações excepcionais (por exemplo, no estado de defesa e estado de sítio), são admitidas restrições e até mesmo suspensões de diversos direitos e garantias fundamentais.

VI – **Igualdade**: Os direitos e garantias fundamentais fundamentam-se no princípio da igualdade perante a lei, garantindo-se aos brasileiros e aos estrangeiros residentes no País a inviolabilidade do direito à vida, à liberdade, à igualdade, à segurança e à propriedade, tudo conforme caput do Art. 5º.

Contudo, entende o Supremo Tribunal Federal que possuir direitos fundamentais, não apenas estrangeiro residente em nosso país, mas qualquer estrangeiro que esteja permanentemente ou de passagem pelo território nacional.

Podemos dizer que o STF, por intermédio de uma interpretação via mutação constitucional (alteração do sentido da Constituição, sem alteração de texto), ampliou a abrangência do termo "estrangeiros residentes no Brasil", para alcançar todo e qualquer estrangeiro que estiver em território brasileiro, mesmo em trânsito, que gozarão dos direitos e garantias individuais, podendo inclusive fazer uso dos remédios constitucionais (writs), tais como mandado de segurança, habeas corpus e outros. Nesse sentido,

"O súdito estrangeiro, mesmo aquele sem domicílio no Brasil, tem direito a todas as prerrogativas básicas que lhe assegurem a preservação do status libertatis e a observância, pelo Poder Público, da cláusula constitucional do due process. O súdito estrangeiro, mesmo o não domiciliado no Brasil, tem plena legitimidade para impetrar o remédio constitucional do habeas corpus, (...) à observância e ao integral respeito, por parte do Estado, das prerrogativas que compõem e dão significado à cláusula do devido processo legal" (HC 94.477, rel. min. Gilmar Mendes, julg. 6.9.2011, 2ª Turma).

Só tome cuidado com pegadinhas em provas de concursos públicos, pois alguns desses direitos, como a ação popular, são restritos aos cidadãos brasileiros, ou portugueses equiparados (art. 12, § 1º, CF) que devem comprovar, inclusive, essa condição, que dentre outros requisitos, exige a regularidade eleitoral.

> VII – **Universalidade:** A abrangência dos direitos fundamentais engloba todos os indivíduos sem qualquer distinção de sexo, raça, credo, origem, convicção ou outra distinção biológica ou cultural.

Além disso, se inicialmente os direitos fundamentais surgiram como tendo titulares as pessoas naturais, pessoas físicas, atualmente o Supremo Tribunal Federal tem reconhecido direitos fundamentais às pessoas jurídicas, tais como o direito ao nome, à honra, e mesmo em favor do Estado, como o direito de propriedade. Nesse sentido, o STF assentou que pessoa jurídica pode ser vítima de difamação, mas não de injúria ou calúnia (RHC 83.091/DF, Relator Ministro Marco Aurélio, DJ de 26/9/2003). São direitos que atingem, direta ou indiretamente, a atividade institucional da pessoa jurídica.

Também o Superior Tribunal de Justiça tem reconhecido direitos fundamentais às pessoas jurídicas, v. g. a Súmula 227/STJ: "A pessoa jurídica pode sofrer dano moral".

> VIII – **Bidimensionalidade:** Embora originalmente visassem regular a relação indivíduo-Estado (relações verticais), atualmente os direitos fundamentais devem ser respeitados mesmo nas relações privadas, entre pessoas físicas e/ou jurídicas (relações horizontais).

Eficácia Vertical dos Direitos Fundamentais	Eficácia Horizontal dos Direitos Fundamentais
São direitos que protegem o particular das arbitrariedades do Estado (Poder Público). Exemplo: direito de locomoção, inviolabilidade do domicílio, vedação da tortura.	São direitos que protegem o particular de outro particular. Exemplo: direito à liberdade de manifestação do pensamento, onde ofendido pode cobrar indenização por dano moral, material e a imagem, além de possuir direito de resposta, proporcional ao agravo.

IX – **Relatividade:** Não existem direitos fundamentais de natureza absoluta, já que encontram limites nos demais direitos previstos na Constituição.

X – **Conflito aparente:** Não há real conflito entre direitos fundamentais, entretanto, no caso concreto poderá haver colisão entre diversos direitos (por exemplo, liberdade de comunicações x inviolabilidade da intimidade).

XI – **Cláusulas pétreas**: Nem todos os direitos e garantias fundamentais foram expressamente gravados como cláusulas pétreas. Nos termos da CF/88, só são cláusulas pétreas "os direitos e garantias individuais" (CF, art. 60, § 4º, I), constantes do art. 5º e outros dispersos na Constituição, como, por exemplo, a garantia da anterioridade tributária (uma das limitações ao poder de tributar do art. 150).

XII – **Restringibilidade:** Grave que NÃO EXISTEM DIREITOS FUNDAMENTAIS ABSOLUTOS, tópico extremamente cobrando em provas de concursos. Os direitos fundamentais podem sim sofrer restrições. Incluem-se aí os direitos e garantias individuais, que apesar de estarem cobertos pela proteção de cláusulas pétreas também podem ser restringidos. Mas não podem ser abolidos do texto constitucional, nem mesmo por emenda constitucional.

Existe um tópico muito discutido perante o Supremo Tribunal Federal que é o estudo do Princípio da Vedação do Retrocesso, onde segundo o STF, o Estado-Administrador não tem discricionariedade para deliberar sobre a oportunidade e conveniência de implementação de políticas públicas discriminadas na ordem social constitucional, pois deve cumprir os objetivos constantes no art. 6 da Constituição sempre no sentido de avançar, jamais regredir. Resumindo, Direitos Sociais não podem regredir.

XIII – **Inviolabilidade:** impossibilidade do desrespeito aos direitos humanos por determinações legais ou mesmo constitucionais, ou por ato das autoridades públicas, exigindo a previsão de responsabilização civil, administrativa e criminal, inclusive no plano internacional. Aqui podemos citar a Súmula Vinculante No. 11 do STF, que trata da utilização de algemas em presos, tópico que vamos estudar mais para frente.

As mais importantes características dos Direitos Fundamentais são:

5. GERAÇÕES/DIMENSÕES DOS DIREITOS FUNDAMENTAIS

Tópico que tem sofrido um pouco de mudanças doutrinárias na denominação, achando melhor para parte da doutrina chamar de Dimensões dos Direitos Fundamentais, pois a palavra geração dá ideia que o surgimento de uma nova geração, exclui a anterior, coisa que não acontece. Contudo, algumas bancas ainda cobram questões com a palavra geração.

Com isso, podemos classificar, basicamente, os direitos fundamentais em três dimensões, muito embora a moderna doutrina considere também uma quarta e quinta dimensões de direitos, conforme veremos, e que mais raramente aparecem em prova.

1a GERAÇÃO ou DIMENSÃO DOS DIREITOS FUNDAMENTAIS

Também chamados de direitos negativos (obrigações de não-fazer do Estado). O Estado deveria existir para assegurar a propriedade, a segurança, o livre comércio e a livre movimentação das pessoas. Como decorrência disso, devem ser assegurados os direitos à vida, à honra, à nacionalidade, de não ser submetido à escravidão, enfim, à liberdade.

Os direitos de primeira dimensão compreendem também os de natureza civil (propriedade, segurança, vida, comércio) e de liberdades políticas (direito de participação popular, direito a voto, plebiscito etc), considerados de prestação positiva do Estado.

2a. GERAÇÃO ou DIMENSÃO DOS DIREITOS FUNDAMENTAIS

Portanto, os direitos de segunda geração ou dimensão dizem respeito a uma prestação positiva do Estado, são direitos de IGUALDADE, mas uma igualdade em sentido material, efetiva e não apenas formal, do ponto de vista político. Incluem-se dentre esses direitos o direito à educação pública, à cultura, à saúde, ao seguro-desemprego, aposentadoria, previdência social, assistência social etc.

3a. GERAÇÃO ou DIMENSÃO DOS DIREITOS FUNDAMENTAIS

Há ainda a terceira dimensão, também reconhecida no séc. XX, em que temos os direitos de índole coletiva e difusa (pertencentes a um grupo indeterminável de pessoas), com foco na fraternidade e solidariedade entre os povos, e que inclui o direito à autodeterminação dos povos, de propriedade sobre o patrimônio público comum, além dos direitos a um meio ambiente equilibrado, à paz, ao progresso etc.

4a. GERAÇÃO ou DIMENSÃO DOS DIREITOS FUNDAMENTAIS

Alguns autores, a partir das reflexões de Noberto Bobbio, reconhecem uma quarta dimensão de direitos fundamentais, que diriam respeito aos respeitos inerentes ao patrimônio biológico e genético do indivíduo, diante dos avanços nas pesquisas da engenharia genética, células-tronco, manipulação de genes etc. Para Paulo Bonavides, os direitos de quarta geração estariam ligados à universalização política, destacando-se nesse contexto o pluralismo político, a democracia e ao direito à informação.

5a. GERAÇÃO ou DIMENSÃO DOS DIREITOS FUNDAMENTAIS

Uma quinta dimensão é ventilada por Paulo Bonavides como sendo o direito à paz e à fraternidade entres os povos, o que estaria classificado pelo jurista francês Karel Vasak como direitos de terceiro dimensão, mas que para o jurista brasileiro mereceria uma classificação autônoma.

Se você prestar atenção ao preâmbulo da nossa Constituição, verá que as principais dimensões de direitos estão lá representadas. Preste atenção nas palavras grifadas abaixo e veja em cada uma delas as diversas dimensões de direitos:

"Nós, representantes do povo brasileiro, reunidos em Assembléia Nacional Constituinte para instituir um Estado Democrático, destinado a assegurar o exercício dos direitos sociais (2ª dimensão) e individuais, a liberdade (1ª dimensão), a segurança (1ª dimensão), o bem-estar (2ª dimensão), o desenvolvimento (2ª dimensão), a igualdade (2ª dimensão) e a justiça (2ª e 3ª gerações) como valores supremos de uma sociedade fraterna (3ª dimensão), pluralista (4ª dimensão) e sem preconceitos (3ª dimensão), fundada na harmonia social (2ª e 3ª dimensões) e comprometida, na ordem interna e internacional, com a solução pacífica das controvérsias (5ª dimensão), promulgamos, sob a proteção de Deus, a seguinte CONSTITUIÇÃO DA REPÚBLICA FEDERATIVA DO BRASIL."

Preparei um MEMOREX para vocês memorizarem melhor este assunto extremamente cobrado:

1ª. Geração

– Nascidos no final do século XVIII e início do XIX.

– Tais direitos de índole liberal podem também ser chamados de direitos negativos.

– Direitos civis e políticos.

2ª. Geração

– Século XIX e início XX.

– Os direitos de segunda geração ou dimensão dizem respeito a uma prestação positiva do Estado, são direitos de IGUALDADE.

– Tem seu processo de constitucionalização iniciado na Constituição Mexicana de 1917 e de Weimar 1919.

3ª. Geração

– Nascidos no final do século XX.

– Os direitos de índole coletiva e difusa (pertencentes a um grupo indeterminável de pessoas), com foco na fraternidade e solidariedade entre os povos

4ª. Geração

– Para alguns autores existe uma quarta dimensão de direitos fundamentais, que diriam respeito aos respeitos inerentes ao patrimônio biológico e genético do indivíduo, diante dos avanços nas pesquisas da engenharia genética, células-tronco, manipulação de genes etc.

5ª. Geração

– Uma quinta dimensão é ventilada por Paulo Bonavides como sendo o direito à paz e à fraternidade entres os povos, o que estaria classificado pelo jurista francês Karel Vasak como direitos de terceiro dimensão, mas que para o jurista brasileiro mereceria uma classificação autônoma.

6. DIFERENÇA DE DIREITOS FUNDAMENTAIS E DIREITOS HUMANOS

Podemos dizer que as duas expressões são altamente utilizadas como sinônimas, mas podemos diferencia-las da seguinte forma:

Direitos Humanos	Direitos Fundamentais
São aqueles com um aspecto universal ou supranacional. Pois todos os país devem promove-los e protege-los.	Estes já possuem um aspecto nacional, ou seja, caráter interno, sendo aqueles reconhecidos pela Constituição de um país como os mais importantes.

7. TRATADOS INTERNACIONAIS E A CONSTITUIÇÃO

Prescreve o Art. 5º, parágrafo 3º.:

> § 3º Os tratados e convenções internacionais sobre direitos humanos que forem aprovados, em cada Casa do Congresso Nacional, em dois turnos, por três quintos dos votos dos respectivos membros, serão equivalentes às emendas constitucionais.

Vamos aproveitar para estudar as regras concernentes aos tratados internacionais de que o Brasil é signatário, e que cairão na sua prova.

I) TRATADOS INTERNACIONAIS SIMPLES

Via de regra, os tratados e convenções internacionais são incorporados ao ordenamento jurídico pátrio com força de lei ordinária.

II) TRATADOS INTERNACIONAIS DE DIREITOS HUMANOS: NORMAS SUPRALEGAIS

Caso versem sobre direitos humanos, assim definidos pelo STF, assumem caráter de supralegais, ou seja, no confronto com a legislação infraconstitucional (leis complementares, ordinárias, medidas provisórias, resoluções do Congresso etc), os tratados prevalecem, revogando legislação interna, no que lhe for contrária, e estabelecendo diretrizes para a legislação futura. Ou seja, acima da legislação ordinária mas em nível abaixo da Constituição.

Ficam, desse modo, em uma posição intermediária entre as leis e a Constituição Federal.

Foi o que ocorreu com o Pacto de San José da Costa Rica (Convenção Americana sobre Direitos Humanos), cujo art. 7º.7 derrogou disposições infraconstitucionais que autorizavam a prisão do depositário infiel, apesar de esta prisão estar autorizada pelo art. 5º, LXVII, da CF/88. O tratado em questão foi firmado em em 1969 e promulgado internamente em 1992, pelo Decreto 678, de 6 de novembro de 1992.

Estabelece o inciso LXVII, do art. 5º, da Constituição Federal: Não haverá prisão civil por dívida, salvo a do responsável pelo inadimplemento voluntário e inescusável de obrigação alimentícia e a do depositário infiel;

A referida Convenção só permite a prisão civil na hipótese de inadimplemento de pensão alimentícia.

Como consequência, foi editada a Súmula Vinculante 25/STF: É ilícita a prisão civil de depositário infiel, qualquer que seja a modalidade do depósito.

CF, EC e TIDH que passaram pelo proced. de EC

Tratados Internacionais de Direitos Humanos que não passaram pelo procedimento de Emenda Constitucional

Leis Ordinárias, Leis Complementares, Leis Delegadas, Resoluções, Decretos Legislativos, Tratados Internacionais que não tratem de Direitos Humanos, Medidas Provisórias

Decretos, Portarias...

III) TRATADOS DE DIREITOS HUMANOS EQUIPARADOS À EMENDA CONSTITUCIONAL

Nesta hipótese do § 3º do art. 5º da Constituição, introduzido pela Emenda Constitucional 45/2004, em que os tratados de direitos humanos são aprovados em cada Casa do Congresso Nacional pelo mesmo quórum diferenciado das emendas constitucionais, o que os torna equivalentes às normas da Constituição.

Requisitos para o Tratado Internacional de Direitos Humanos ser equiparado à emenda:

- Aprovação nas duas casas legislativas
- Aprovação em dois turnos de votação
- Aprovação por 3/5 dos votos.

8. EFICÁCIA DAS NORMAS CONSTITUCIONAIS

> § 1ºAs normas definidoras dos direitos e garantias fundamentais têm aplicação imediata.

Conforme o § 1º do art. 5º, as normas definidoras dos direitos e garantias fundamentais têm aplicação imediata. Entretanto, nem todas as normas definidoras de direitos e garantias fundamentais possuem eficácia plena ou imediata. Algumas constituem normas de eficácia limitada, que necessitam de complementação legislativa para sua plena aplicabilidade ou eficácia contida ou restringível, que podem ter sua eficácia reduzida ou restringida pelo legislador.

Vamos iniciar a análise deste tópico conforme os dois doutrinadores mais citados em provas de concursos públicos: José Afonso da Silva e Maria Helena Diniz.

Normas de eficácia plena (José Afonso da Silva):

As normas de eficácia plena são aquelas que nascem aptas para produzirem os seus plenos efeitos com a simples entrada em vigor da Constituição.

Assim, são dotadas de aplicabilidade imediata (porque estão aptas para produzir efeitos imediatamente, com a simples promulgação da Constituição); direta (porque não dependem de nenhuma norma regulamentadora para a produção de efeitos); e integral (porque já produzem seus essenciais efeitos). São também denominadas normas autoaplicáveis.

Exemplos de normas de eficácia plena são os remédios constitucionais (mandado de segurança, habeas data e habeas corpus), previstos no art. 5º da nossa Constituição.

Normas de eficácia contida (nomenclatura de José Afonso da Silva):

As normas de eficácia contida, restringida, redutível ou restringível (nomenclatura de Maria Helena Diniz) também estão aptas para a produção de seus plenos efeitos com a simples promulgação da Constituição, mas podem ser restringidas ou contidas por outras normas. Promulgada a Constituição, aquele direito (nelas previsto) é imediatamente exercitável, mas esse exercício poderá ser restringido no futuro.

Assim, são dotadas de aplicabilidade imediata (porque estão aptas para produzir efeitos imediatamente, com a simples promulgação da Constituição); direta (porque não dependem de nenhuma norma regulamentadora intermediária para a produção de efeitos); mas não integral (porque sujeitas à imposição de restrições).

Exemplo por excelência de norma constitucional de eficácia contida está no art. 5º, XIII, da CF/88, que prevê as restrições ao exercício de trabalho, ofício ou profissão, que poderão ser impostas pela lei que estabelecer as qualificações profissionais.

Normas de eficácia limitada (nomenclatura de José Afonso da Silva):

As normas de eficácia limitada ou diferidas no tempo, são aquelas que só produzem seus plenos efeitos depois da exigida regulamentação. Elas asseguram determinado direito, mas esse direito não poderá ser exercido enquanto não for regulamentado pelo legislador ordinário. Isso não significa que não possa ser exigível! Tanto assim é, que tais normas atraem a impetração de mandado de injunção, individual ou coletivo, para instar o legislador a regulamentá-las!

Enquanto não expedida a regulamentação, o exercício do direito permanece impedido.

São, por isso, dotadas de aplicabilidade mediata (só produzirão seus efeitos essenciais posteriormente, depois da regulamentação por lei); indireta (não asseguram, diretamente, o exercício do direito, dependendo de norma regulamentadora intermediária para tal); e reduzida.

Podemos dizer que, com a simples promulgação da Constituição, sua eficácia é meramente "reduzida" ou "negativa".

Além disso, essas normas também servem de parâmetro para o exercício da interpretação constitucional. Ou seja, se na sua prova aparecer questão afirmando que até a regulamentação, as normas de eficácia limitada são desprovidas de eficácia, não tenha dúvida: está errada.

As normas de eficácia limitada podem ainda ser divididas em dois grupos:

I) de princípio institutivo ou organizativo;

II) de princípio programático.

As normas definidoras de princípio institutivo ou organizativo são aquelas em que a Constituição estabelece regras para a criação, estruturação e organização de órgãos, entidades ou institutos, mediante lei (por exemplo, "a lei disporá sobre a organização administrativa e judiciária dos Territórios" (CF, art. 33).

Já as normas constitucionais definidoras de princípios programáticos ou simplesmente normas programáticas são aquelas que explicitam comandos-valores, em que a Constituição estabelece princípios, diretrizes e programas a serem cumpridos futuramente pelos órgãos estatais (legislativos, executivos, jurisdicionais e administrativos), visando à realização dos fins sociais do Estado. E stabelecem programas de atuação futura para o Poder Público. Dependem da atuação do legislador ordinário e/ou do administrador público para sua concretização.

Classificação segundo Maria Helena Diniz:

Normas com Eficácia Absoluta: São aquelas que não podem ser suprimidas por meio de Emenda Constitucional.

São as denominadas cláusulas pétreas expressas. Ex: art. 60, §4º/CF.

Normas com Eficácia Plena: O conceito utilizado pela autora é o mesmo aplicado por José Afonso da Silva para as normas de eficácia plena.

Normas com Eficácia Relativa Restringível: Correspondem às normas de eficácia contida de José Afonso da Silva.

Normas com Eficácia Relativa Complementável: São equivalentes às normas de eficácia limitada de José Afonso da Silva.

Para facilitar preparei esta tabela comparativa entre os dois renomados autores:

Eficácia das Normas Constitucionais

Segundo José Afonso da Silva	Segundo Maria Helena Diniz
	Eficácia Absoluta
Eficácia Plena	Eficácia Plena
Eficácia Contida	Eficácia Relativa Restringível
Eficácia Limitada	Eficácia Relativa Complementável

Ademais, alguns autores consideram, ainda, a existência de Normas Constitucionais de Eficácia Exaurida e Aplicabilidade Esgotada. São normas cujos efeitos cessaram, não mais apresentando eficácia jurídica. Ex: Dispositivos do ADCT da Constituição Federal de 1988.

9. TRIBUNAL PENAL INTERNACIONAL

> § 4º O Brasil se submete à jurisdição de Tribunal Penal Internacional a cuja criação tenha manifestado adesão.

Este parágrafo do art. 5º, estabelece que "o Brasil se submete à jurisdição de Tribunal Penal Internacional a cuja criação tenha manifestado adesão." Perceba que não é Tribunal Constitucional Internacional e sim Tribunal Penal! Este dispositivo é cobrado nas provas literalmente não oferecendo maiores dificuldades.

CAPÍTULO II

ESPÉCIES DOS DIREITOS FUNDAMENTAIS

Bem, agora podemos finalmente adentrar nos direitos e garantias fundamentais na espécie. Trata-se de uma das vertentes mais importantes do Direito Constitucional, e também das mais cobradas em concurso; portanto, você precisa guardar os conceitos e os princípios que serão apresentados neste capítulo. Vou procurar ser o mais direto possível, por isso, procure memorizar as tabelas e esquemas que serão apresentados.

1. DIREITO À VIDA

Este direito consagra uma série de pontos importantes que devemos estudar para provas de concursos públicos:

Início da vida no Brasil

Em nosso país é adotada a teoria da nidação para o início da vida e não a teoria da fecundação (adotada em muitos países). Nidação seria o momento em que o óvulo fecundado chega no útero, sendo a partir deste momento intocável, ou seja, sendo um direito desenvolver-se. Tal teoria permite a utilização da chamada pílula do dia seguinte, pois enquanto o óvulo não chegou ao útero, não se fala em vida, sendo permitida a utilização de medicamentos para impedir o processo natural, daí o porquê que a pílula do dia seguinte não é considerada substância abortiva.

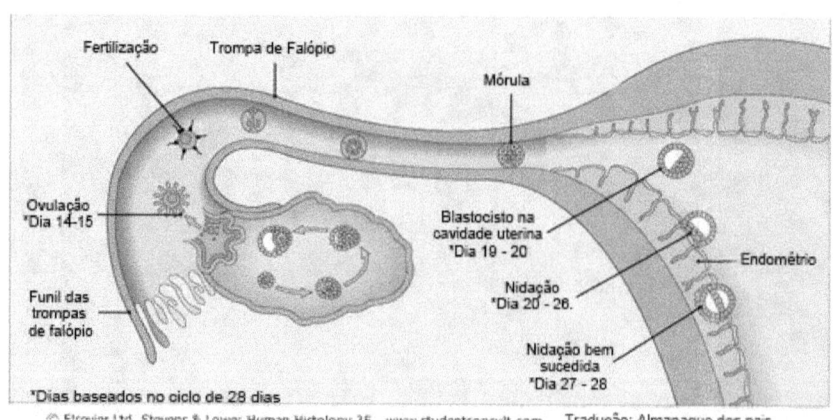

Direito à vida também significa que todos possuem o direito de viver com dignidade, uma vida digna, com todos os direitos sociais como: alimentação, educação, trabalho, moradia, lazer etc.

Pena de Morte:

> XLVII - não haverá penas: a) de morte, salvo em caso de guerra declarada, nos termos do art. 84, XIX;

Regra: NÃO EXISTE PENA DE MORTE NO BRASIL.

Exceção: PERMITIDA A PENA DE MORTE, apenas no caso de guerra declarada.

O fuzilamento é um método de execução de pena de morte, especialmente em tempo de guerra. Um pelotão de fuzilamento é composto por um grupo de pessoas (geralmente soldados) que recebem ordens para disparar em simultâneo contra a pessoa condenada. Nenhum membro do pelotão pode salvar a vida da pessoa não disparando, reduzindo o incentivo moral para desobedecer à ordem. Em alguns casos, um membro do pelotão de fuzilamento recebe uma arma contendo uma bala falsa, sem ser dito a quem foi atribuída. Segundo o site Direito Militar, no Brasil a Constituição de 1988 permite que haja pena de morte apenas no caso de guerra declarada, e o Código Penal Militar elegeu o fuzilamento como única forma de aplicação da pena de morte, pois se considera "menos desonrosa" que outras formas de aplicação da pena, como a decapitação ou a forca, por exemplo.

Lei do Abate: constitucional ou inconstitucional?

A Lei 9.614/98 autoriza que aeronaves não identificadas sejam abatidas pelas Forças Armadas, caso não respeitem as determinações de identificação e de pouso. Tal lei ainda não foi considerada inconstitucional pelo Supremo Tribunal Federal, mas até hoje nenhuma aeronave foi derrubada.

Pesquisas com células tronco embrionárias

Segundo o Supremo Tribunal Federal não ofende a Constituição Federal.

STF libera pesquisas com células-tronco embrionárias

> O Supremo Tribunal Federal (STF) decidiu hoje (29) que as pesquisas com células-tronco embrionárias não violam o direito à vida, tampouco a dignidade da pessoa humana. Esses argumentos foram utilizados pelo ex-procurador-geral da República Claudio Fonteles em Ação Direta de Inconstitucionalidade (ADI 3510) ajuizada com o propósito de impedir essa linha de estudo científico.

Aborto:

No Brasil a prática de aborto doloso é um crime contra a vida, contudo existem 3 exceções e uma quarta para fins de conhecimento:

Aborto sentimental: quando a gravidez é resultante de estupro.

Aborto no caso de gravidez de risco.

Aborto de feto anencéfalo: Supremo Tribunal Federal autorizou o aborto neste caso do fato não possuir cérebro. Segundo o Ministro Luiz Fux "impedir a interrupção da gravidez no caso de feto anencéfalo, sob ameaça penal equivale à tortura".

Aborto até o 3o. mês de gravidez:

Trata-se de uma decisão de uma das turmas do STF, não devendo ser considerada ainda para fins de provas objetivas de concursos públicos. Segue mais informações:

STF decide que aborto nos três primeiros meses de gravidez não é crime:

> *A Primeira Turma do Supremo Tribunal Federal (STF) decidiu hoje (29) descriminalizar o aborto no primeiro trimestre da gravidez. Seguindo voto do ministro Luís Roberto Barroso, o colegiado entendeu que são inconstitucionais os artigos do Código Penal que criminalizam o aborto. O entendimento, no entanto, vale apenas para um caso concreto julgado pelo grupo nesta terça-feira.*
>
> *A decisão da Turma foi tomada com base no voto do ministro Luís Roberto Barroso. Para o ministro, a criminalização do aborto nos três primeiros meses da gestação viola os direitos sexuais e reprodutivos da mulher, o direito à autonomia de fazer suas escolhas e o direito à integridade física e psíquica.*

2. PRINCÍPIO DA IGUALDADE

Estabelecido no caput do art. 5º da CF/88 e em seu inciso I:

> *Art. 5º Todos são iguais perante a lei, sem distinção de qualquer natureza, garantindo-se aos brasileiros e aos estrangeiros residentes no País a inviolabilidade do direito à vida, à liberdade, à igualdade, à segurança e à propriedade, nos termos seguintes*

> *I - homens e mulheres são iguais em direitos e obrigações, nos termos desta Constituição;*

O princípio da igualdade é a base fundamental do princípio republicano e do Estado Democrático de Direito, sendo norma de eficácia plena cuja aplicação é imediata e incondicionada. Dele decorrem inúmeros outros princípios e preceitos constitucionais, dentre eles:

- Proibição ao racismo (art. 5º inciso XLII);

- Proibição de diferença de salários, exercício de funções e critérios de admissão por motivo de sexo, cor ou estado civil (art. 7º, XXX);

- Exigência de prévia aprovação em concurso público para investidura em cargo ou emprego público (art. 37, II);

- Princípio da isonomia nas licitações públicas (art. 37, XXI);

- Princípio da isonomia tributária (art. 150, II);

- Igualdade de jurisdição - proibição de tribunal de exceção (art. 5º, XXXVII).

Importante entendimento do STF a respeito da aplicação desse princípio, diz respeito ao seu alcance, em algumas vertentes importantes:

Igualdade na lei: alcança o Estado-Legislador, que ao fixar normas gerais e abstratas, inovando no mundo jurídico, não poderá fazê-lo de forma desarrazoada e desproporcional entre os indivíduos.

Igualdade perante a lei: atinge o Estado-Juiz e o Estado-Administrador, que ao aplicar as normas ao caso concreto, não poderá estabelecer tratamento anti-isonômico.

Igualdade Material (Política de Discriminação Reversa)

As chamadas políticas de discriminação reversa ou de ação afirmativa do Estado consistem em medidas adotadas pelo Estado para inclusão de grupos sociais historicamente periféricos, e que se encontrem em situação de desvantagem ou desigualdade, com vistas a assegurar o princípio constitucional da igualdade, vertido em seu aspecto social ou material, como direitos fundamentais de segunda dimensão.

Exemplos dessas medidas são a reserva de vagas em concursos públicos para portadores de necessidades especiais, cotas raciais em universidades e outros processos seletivos públicos, e a proteção especial às mulheres.

Proteção à mulher

A própria Constituição estabeleceu tratamento especial às mulheres em determinadas situações, a fim de assegurar a igualdade de direitos e obrigações entre os sexos, nos termos da Constituição (art. 5º, I), como por exemplo, a proteção do trabalho da mulher (art. 7º, XX), e a aposentadoria antecipada das mulheres por tempo de serviço público (art. 40, § 1º, III, a, b).

> I - homens e mulheres são iguais em direitos e obrigações, nos termos desta Constituição;

> V - proibição genérica de acesso a carreiras públicas em função da idade: as hipóteses legítimas de limitação de idade para acesso a cargos públicos devem se justificar como imposição de natureza e das atribuições do cargo a preencher.

Nesse sentido, o STF editou a Súmula 683:

> " *O limite de idade para inscrição em concurso público só se legitima em face do art. 7º, XXX, da Constituição, quando possa ser justificado pela natureza das atribuições do cargo a ser preenchido*".

Lei Maria da Penha é Constitucional

Entenda o seguinte, que apenas a Constituição poderá fazer discriminação entra homens e mulheres, mas e a Lei Maria da Penha, lei voltada exclusivamente para proteção da mulher em casos de violência doméstica?

Segundo Supremo Tribunal Federal se trata de uma lei constitucional, pois não discrimina homens e mulheres, mas traduz um verdadeiro equilíbrio para mulheres e homens em casos de violência doméstica.

A análise da norma chegou ao STF por meio de duas ações de controle concentrado de constitucionalidade – Ação Declaratória de Constitucionalidade (ADC) 19 e Ação Direta de Inconstitucionalidade (ADI) 4424, julgadas em 9 de fevereiro de 2012.

No julgamento da ADC 19, a votação foi unânime para declarar a constitucionalidade dos artigos 1º, 33 e 41 da Lei 11.340/2006. A ação foi ajuizada pela Presidência da República com o objetivo de pacificar entendimento sobre a aplicação da lei e, assim, permitir decisões uniformes em todas as instâncias do Judiciário.

Igualdade nas relações homoafetivas e entidade familiar

O STF reconhece a união homoafetiva como entidade familiar, que merece proteção estatal, seguindo-se as mesmas regras da união estável heteroafetiva. É o reconhecimento do direito de orientação sexual sem embargo do direito à constituição de família. Da mesma forma, o STJ reconheceu que a concepção de casamento deve ser plural, pois plurais são as famílias.

3. PRINCÍPIO DA LEGALIDADE

O princípio da legalidade, também chamado de legalidade ampla, não se confunde com o princípio da legalidade para o setor público, tampouco com o princípio da reserva legal ou legalidade estrita.

O princípio da legalidade ampla, ou legalidade para o cidadão, enunciado em sua versão mais genérica no art. 5º, II, prescreve que:

> Art. 5º. II - ninguém será obrigado a fazer ou deixar de fazer alguma coisa senão em virtude de lei.

Em resumo, temos as seguintes características para os princípios da legalidade e da reserva legal:

Legalidade	Reserva legal
Vocábulo "lei" empregado em sentido amplo (norma jurídica em geral)	Vocábulo "lei" empregado em sentido estrito - estrito senso (lei formal)
Engloba as leis e os atos administrativos que as regulamentam	Só admite lei ou ato normativo com força de lei (ex: medida provisória, decreto legislativo do Congresso Nacional, decreto autônomo)
Alcance amplo	Alcance restrito
Menor densidade normativa	Maior densidade normativa

4. PRINCÍPIO DA DIGNIDADE DA PESSOA HUMANA

Desdobramento de um dos fundamentos da República (art. 1º, III), este princípio está insculpido também nos incisos III e XLVII do art. 5º:

> III - ninguém será submetido a tortura nem a tratamento desumano ou degradante;
>
> XLVII - não haverá penas:
>
> a) de morte, salvo em caso de guerra declarada, nos termos do art. 84, XIX;
>
> b) de caráter perpétuo;
>
> c) de trabalhos forçados;

d) de banimento;

e) cruéis;

Com base nestes incisos, o Supremo Tribunal Federal edital a Súmula Vinculante nº 11:

SÓ É LÍCITO O USO DE ALGEMAS EM CASOS DE RESISTÊNCIA E DE FUNDADO RECEIO DE FUGA OU DE PERIGO À INTEGRIDADE FÍSICA PRÓPRIA OU ALHEIA, POR PARTE DO PRESO OU DE TERCEIROS, JUSTIFICADA A EXCEPCIONALIDADE POR ESCRITO, SOB PENA DE RESPONSABILIDADE DISCIPLINAR, CIVIL E PENAL DO AGENTE OU DA AUTORIDADE E DE NULIDADE DA PRISÃO OU DO ATO PROCESSUAL A QUE SE REFERE, SEM PREJUÍZO DA RESPONSABILIDADE CIVIL DO ESTADO.

Esquematizando a Súmula Vinculante No. 11:

Regra: uso de algemas é proibido por parte de agentes do Estado.

Exceção: permitido o uso de algemas - desde que justificada a excepcionalidade por escrito:

- casos de resistência
- fundado receio de fuga
- perigo à integridade física própria ou alheia por parte do preso ou terceiros.

Lembrando que o descumprimento da Súmula Vinculante No. 11, pode ensejar:

- Nulidade da prisão
- Responsabilidade penal, administrativo e civil do agente público

Caso bem emblemático aconteceu com um tipo de utilização de algemas durante a prisão do ex-governador do Rio de Janeiro, Sergio Cabral.

Ex-governador do Rio Sérgio Cabral chega ao IML de Curitiba (PR) para exame de corpo de delito - GIULIANO GOMES/PR PRESS

5. LIBERDADE DE PENSAMENTO E SUAS LIMITAÇÕES

A liberdade de manifestação do pensamento é um direito fundamental, e como todos os demais, não é absoluto. Encontramos tal direito reconhecido nos seguintes incisos:

IV - é livre a manifestação do pensamento, sendo vedado o anonimato;

V - é assegurado o direito de resposta, proporcional ao agravo, além da indenização por dano material, moral ou à imagem;

> IX - é livre a expressão da atividade intelectual, artística, científica e de comunicação, independentemente de censura ou licença;
>
> X - são invioláveis a intimidade, a vida privada, a honra e a imagem das pessoas, assegurado o direito a indenização pelo dano material ou moral decorrente de sua violação;
>
> XIV - é assegurado a todos o acesso à informação e resguardado o sigilo da fonte, quando necessário ao exercício profissional;

Vamos iniciar o estudo deste tópico pelo insico IV já estabelece limitações ao vedar o anonimato;

> IV - é livre a manifestação do pensamento, sendo vedado o anonimato;

Trata-se de regra sem destinatários definidos, já que qualquer pessoa, em principio, pode manifestar o que pensa, desde que não o faça sob o manto do anonimato. A proibição do anonimato tem por objetivo proteger eventuais destinatários da manifestação de juízos caluniosos, ofensivos ou depreciativos.

Denúncias Anônimas como Notitia Criminis

Ainda como decorrência dessa vedação do anonimato, não é possível ainda, regra geral, o acolhimento de denúncias anônimas, conforme já confirmado em arestos do STF. Assentou ainda a Suprema Corte a possibilidade de utilização do habeas corpus para trancamento de ação penal, por requisição do Ministério Público, fundada unicamente em denúncia anônima.

Segundo o STF, a delação anônima, enquanto fonte única de informação, não constitui fator que se mostre suficiente para legitimar, de modo autônomo, sem o concurso de outros meios de revelação dos fatos, a instauração de procedimentos estatais. É por essa razão que o Supremo Tribunal Federal, ao aprovar a Resolução STF nº 290/2004 – que instituiu o serviço de Ouvidoria

- expressamente vedou a possibilidade de formulação de reclamação, críticas ou denúncias de caráter anônimo determinando a sua liminar rejeição (HC 97.197, rel. Min. Celso de Mello, julg. em 2/10/2009).

Entretanto, entende a mesma Corte, ser possível a utilização dos fatos colhidos na denúncia para a abertura de investigação autônoma, seja por parte da autoridade policial, do Ministério Público, seja no âmbito do Tribunal de Contas da União, quando então poderão ser confirmados de per si as alegações trazidas pelo denunciante, mas nunca a utilização da denúncia ou das provas trazidas diretamente pelo denunciante anônimo, sob pena de nulidade do processo.

Direito de Resposta Proporcional ao Agravo

Já o inciso V estabelece o direito de resposta proporcional ao agravo, no âmbito do qual pode haver ainda a cumulação de indenizações pela ofensa (material, moral e de imagem):

> *V - é assegurado o direito de resposta, proporcional ao agravo, além da indenização por dano material, moral ou à imagem;*

Agora lembre-se:

- o direito de liberdade de expressão não consagra o direito de incitação ao racismo ou outras formas de discriminação;

- direito de resposta não pode ensejar a violação da intimidade, da vida privada e da honra do agressor.

- importante ainda você saber que o STJ (e não o STF) assentou que pessoa jurídica pode sofrer dano moral por violação da honra ou da imagem, inclusive de acordo com o Enunciado de Súmula 227 do STJ: "A pessoa jurídica pode sofrer dano moral".

Liberdade Artística, Científica, Intelectual e de Comunicação

Art. 5º, IX - é livre a expressão da atividade intelectual, artística, científica e de comunicação, independentemente de censura ou licença;

Art. 220. A manifestação do pensamento, a criação, a expressão e a informação, sob qualquer forma, processo ou veículo não sofrerão qualquer restrição, observado o disposto nesta Constituição.

> *§ 1º - Nenhuma lei conterá dispositivo que possa constituir embaraço à plena liberdade de informação jornalística em qualquer veículo de comunicação social, observado o disposto no art. 5º, IV, V, X, XIII e XIV.*
>
> *§ 2º - É vedada toda e qualquer censura de natureza política, ideológica e artística.*

Entretanto, não confunda censura com classificação indicativa de programas de televisão, vídeos ou películas cinematográficas, que devem ter efeito classificativo e indicativo, principalmente para controle de conteúdo inadequado a crianças e adolescentes. Esse tema estava sendo discutido no âmbito do STF, notadamente quanto ao modelo de controle a ser adotado - público estatal, autorregulação pelas emissoras ou co-regulação.

Biografias não autorizadas

Ilustração de Sinovaldo

O STF declarou inexigível a autorização prévia para a publicação de biografias, dando interpretação conforme à Constituição aos artigos 20 e 21 do Código Civil, em consonância com os direitos fundamentais à liberdade de expressão da atividade intelectual, artística, científica e de comunicação, independentemente de censura ou licença de pessoa biografada, relativamente a obras biográficas literárias ou audiovisuais (ou de seus familiares, em caso de pessoas falecidas) (ADI 4.815, rel. Min. Cármen Lúcia, julg. em 10/6/2015).

Divulgação de salários de funcionários públicos

Segundo o Supremo Tribunal Federal não viola a intimidade, desde que a divulgação aconteça em portais da transparência do órgão informando apenas os nomes, matrículas e valor recebido.

6. LIBERDADE DE CONSCIÊNCIA, CREDO E FILOSOFIA

Liberdade de consciência, credo ou filosofia e escusa de consciência

A liberdade de crença religiosa e de convicção política e filosófica está estabelecida no art. 5º, incisos VI, VII e VIII.

O Brasil é um Estado laico ou secular, isto é, que não possui religião oficial. Perceba que Estado laico não é o mesmo que Estado ateu, ou que proíbe o exercício de qualquer culto, como o eram os regimes totalitários comunistas. A Constituição Federal preza pela liberdade religiosa:

> *VI - é inviolável a liberdade de consciência e de crença, sendo assegurado o livre exercício dos cultos religiosos e garantida, na forma da lei, a proteção aos locais de culto e a suas liturgias;*

Mas nem sempre foi assim. O art. 5º da antiga Constituição Imperial de 1824 estabelecia a religião oficial do Império:

> *Art. 5: A Religião Catholica Apostolica Romana continuará a ser a religião do Império. Todas as outras Religiões serão permitidas com seu culto domestico, ou particular em casa para isso destinadas, sem fórma alguma exterior de Templo.*

Peço agora sua licença para nos atermos aqui ao inciso VIII do art. 5º:

> **VIII - Ninguém será privado de direitos por motivo de crença religiosa ou de convicção filosófica ou política, salvo se as invocar para eximir-se de obrigação legal a todos imposta e recusar-se a cumprir prestação alternativa, fixada em lei.**

O dispositivo em comento consagra o direito à denominada "escusa ou objeção de consciência", sendo que a consequência do não cumprimento da prestação alternativa, está no art. 15, IV:

> **Art. 15. É vedada a cassação de direitos políticos, cuja perda ou suspensão só se dará nos casos de:**
>
> **IV - recusa de cumprir obrigação a todos imposta ou prestação alternativa, nos termos do art. 5º, VIII;**

Vou exemplificar, existem obrigações que todos nós devemos cumprir (ex: votar / serviço militar obrigatório), onde caso alguém se negue a cumprir tal obrigação receberá uma punição ou privação de direitos (ex: não poderá prestar concurso público), contudo, uma pessoa pode deixar de cumprir uma obrigação imposta a todos por motivo de convicção filosófica, política ou religiosa, mas para não ser penalizada deverá cumprir uma prestação alternativa fixada em lei. Agora, cuidado, caso a pessoa não cumpra esta prestação alternativa, poderá sofrer as sanções legais.

Assistência religiosa aos internos em estabelecimentos civis e militares

A CF, no art. 5º, VII, assegura ainda a prestação de assistência religiosa em presídios, hospitais e outras unidades de internação coletiva:

> **VII - é assegurada, nos termos da lei, a prestação de assistência religiosa nas entidades civis e militares de internação coletiva;**

Com relação à eficácia dessa norma há divergências; parte da doutrina (Alexandre de Moraes) encara esse dispositivo como norma de eficácia limitada, por conta da expressão "nos termos da lei" (MORAES, Alexandre de. Direito Constitucional 31ª ed. São Paulo: Atlas, 2015. p. 50). De outra vertente, Pedro Lenza a indica como norma de eficácia contida (LENZA, Pedro. Direito Constitucional Esquematizado, 16ª ed. 2012, p. 219).

Expressão DEUS no Preâmbulo Constitucional

Nós, representantes do povo brasileiro, reunidos em Assembléia Nacional Constituinte para instituir um Estado Democrático, destinado a assegurar o exercício dos direitos sociais e individuais, a liberdade, a segurança, o bem-estar, o desenvolvimento, a igualdade e a justiça como valores supremos de uma sociedade fraterna, pluralista e sem preconceitos, fundada na harmonia social e comprometida, na ordem interna e internacional, com a solução pacífica das controvérsias, promulgamos, sob a proteção de Deus, a seguinte CONSTITUIÇÃO DA REPÚBLICA FEDERATIVA DO BRASIL.

> *O preâmbulo constitucional nada mais é do que uma mensagem do Poder Constituinte Originário, sendo que o STF não considera o mesmo como Constituição, sendo insignificante. Outra informação importante está no fato das Constituições Estaduais não serem obrigadas a reproduzirem o mesmo preâmbulo da Constituição Federal. Tal entendimento ocorreu por causa da Constituição do Acre que não trouxe a expressão "DEUS" no seu preâmbulo sendo invocada a constitucionalidade do mesmo, o STF entendeu que nenhuma constituição estadual é obrigada a reproduzir o mesmo preâmbulo da Constituição Federal.*

STF - CONSTITUCIONAL. CONSTITUIÇÃO: PREÂMBULO. NORMAS CENTRAIS. Constituição do Acre. I. - Normas centrais da Constituição Federal: essas normas são de reprodução obrigatória na Constituição do Estado-membro, mesmo porque, reproduzidas, ou não, incidirão sobre a ordem local. Reclamações 370-MT e 383-SP (RTJ 147/404). II. - Preâmbulo da Constituição: não constitui norma central. Invocação da proteção de Deus: não se trata de norma de reprodução obrigatória na Constituição estadual, não tendo força normativa. III. - Ação direta de inconstitucionalidade julgada improcedente.

Esquematizando: memorize que o Preâmbulo da Constituição Federal possu as seguintes características:

PREÂMBULO DA CONSTITUIÇÃO FEDERAL/1988

- NÃO se situa no domínio do direito, mas sim no da política
- NÃO tem força normativa
- NÃO é de observância obrigatória pelos Estados, DF e Municípios
- NÃO serve de parâmetro para a declaração de inconstitucionalidade das leis.
- NÃO constitui limitação à atuação do poder constituinte derivado ao modificar a Constituição.
- NÃO é considerado Constituição.
- NÃO é norma constitucional.

Resumindo: NÃO SERVE PARA NADA!!!!

Inviolabilidade da intimidade, da vida privada, da honra e da imagem das pessoas (art. 5º, X)

Estabelece o inciso X do art. 5º:

X - são invioláveis a intimidade, a vida privada, a honra e a imagem das pessoas, assegurado o direito a indenização pelo dano material ou moral decorrente de sua violação;

Você pode perguntar: Fábio, mas qual a diferença deste inciso e o inciso V, que estudamos lá atrás? Bem, aqui o conceito é um pouco mais amplo, porque trata da intimidade e da vida privada, gênero que abrangem importantes espécies como o sigilo bancário e fiscal, assuntos que vamos tratar a seguir.

Ninguém poderá violar a vida privada e a intimidade de outra pessoa por qualquer tipo ou meio de comunicação, sob pena de sofrer restrições, bem como o pagamento de indenizações aos ofendidos. Temos como casos bem emblemáticos o da Cicarelli, que teve um vídeo seu transando com seu namorado na praia divulgado no Youtube e da Carolina Dieckmann que teve fotos suas nua divulgadas na internet.

7. INVIOLABILIDADE DO DOMICÍLIO

Determina o art. 5º, inciso XI:

XI - a casa é asilo inviolável do indivíduo, ninguém nela podendo penetrar sem consentimento do morador, salvo em caso de flagrante delito ou desastre, ou para prestar socorro, ou, durante o dia, por determinação judicial;

Nesse sentido, o conceito de "casa" abrange qualquer recinto, seja de natureza residencial, seja de natureza profissional, permanente ou temporária.

Encontram-se no Conceito de Casa para fins constitucionais:

- Domicílio,
- Residência
- Apartamentos de hotel,
- Embarcação,
- Consultório médico,
- Escritório de advocacia,
- Lojas e estabelecimentos não franqueados ao público (balcão, suporte, back-office).

Segundo o Supremo Tribunal Federal,

"O conceito de "casa", para os fins da proteção constitucional a que se refere o art. 5º, XI, da CF ("XI - a casa é asilo inviolável do indivíduo, ninguém nela podendo penetrar sem consentimento do morador, salvo em caso de flagrante delito ou desastre, ou para prestar socorro, ou, durante o dia, por determinação judicial;"), reveste-se de caráter amplo e, por estender-se a qualquer aposento ocupado de habitação coletiva, compreende o quarto de hotel ocupado por hóspede" (RHC 90.376/RJ, rel. Min. Celso de Mello, julg. em 3/4/2007).

Especificamente quanto a veículos, a doutrina enfatiza a necessidade do mandado judicial, quando estes se destinem à residência do investigado:

"Busca em veículo: o veículo (automóvel, motocicleta, navio, avião, etc.) é coisa pertencente à pessoa, razão pela qual deve ser equiparada à busca pessoal, sem necessitar de mandado

judicial. A única exceção fica por conta do veículo destinado a habitação do indivíduo, como ocorre com os trailers, cabines de caminhão, barcos, entre outros" (NUCCI, Guilherme de Souza. Código de Processo Penal Comentado. 11ª ed., pág. 552).

Quebra da inviolabilidade do domicílio: Casos em que a entrada no domicílio não depende de autorização do morador.

DIA	NOITE
- Flagrante Delito	- Flagrante Delito
- Desastre	- Desastre
- Prestar Socorro	- Prestar Socorro
- Autorização Judicial;	

Por derradeiro, guarde que o mandado judicial de busca e apreensão só poderá ser cumprido durante o dia, independentemente do consentimento do morador ou do dono do estabelecimento profissional.

Entrada em empresas de agentes de fiscalização fazendária

Agora, os agentes da fiscalização fazendária, podem, no exercício de suas atribuições, proceder à busca e apreensão de documentos ou informações comprobatórias de crime fiscal, ainda que sem ordem judicial, havendo necessidade, entretanto, de consentimento do proprietário para adentrar no estabelecimento.

Assim, não havendo consentimento dos proprietários ou possuidores, as autoridades administrativas, fiscais, fazendárias, trabalhistas, sanitárias, ambientais e mesmo membros do Ministério Público, somente poderão adentrar nas dependências dos administrados se munidos de ordem judicial autorizativa (mandado judicial de busca e apreensão) e desde que durante o dia.

Instalação de escutas ambientais a noite

Entendimento recente do STF, que já está sendo cobrado de forma recorrente nas provas, diz respeito à possibilidade de ingresso em recinto profissional protegido pela inviolabilidade domiciliar para instalação de equipamentos de escuta ambiental, durante o dia ou à noite, desde que haja ordem judicial para tanto, no caso concreto.

É que o STF admitiu provimento judicial (oriundo de Ministro do próprio STF) que autorizou o ingresso de autoridade policial em recinto profissional durante a noite, no caso em questão, escritório de advocacia, para o fim de instalar equipamentos de captação acústica (escuta ambiental).

Observou-se que essa instalação de equipamentos de escuta não poderia ser realizada com publicidade, afinal de contas, ficaria frustrada sua finalidade.

Significado da expressão durante o dia

E o que significa "durante o dia"? Trata-se de um critério astronômico e não temporal, motivo pelo qual considera-se dia enquanto o céu estiver claro. Não se utiliza horários como 4 da manhã 6 da manhã para início do dia, leva-se em consideração apenas a chegada da luz solar.

8. INVIOLABILIDADE DAS CORRESPONDÊNCIAS E COMUNICAÇÕES

Garantia fundamental prevista no art. 5º, XII:

> *XII é inviolável o sigilo da correspondência e das comunicações telegráficas, de dados e das comunicações telefônicas, salvo, no último caso, por ordem judicial, nas hipóteses e na forma que a lei estabelecer para fins de investigação criminal ou instrução processual penal;*

Trata-se de um inciso muito valorizado pelas bancas e com farta jurisprudência recente. Prescreve o inciso ser inviolável o sigilo da correspondência e das comunicações telegráficas, de dados e das comunicações telefônicas, salvo, no último caso, por ordem judicial, nas hipóteses e na forma que a lei estabelecer para fins de investigação criminal ou instrução processual penal.

Sigilo das Correspondências (cartas e telegramas)

Poderíamos ser forçados ao entendimento de que o sigilo das correspondências teria natureza absoluta. Como já estudamos, não existem diretos e garantias fundamentais de natureza absoluta.

Entretanto, vimos que a própria Constituição Federal prevê limitações, além de outras, do sigilo de correspondência, em caso de Estado de Defesa (art. 136) e Estado de Sítio (art. 139), por parte da própria autoridade administrativa, isto é, sem necessidade de autorização judicial.

Nesse sentido, o Supremo Tribunal Federal também já se manifestou pela constitucionalidade da regra prevista no art. 41, inciso XV da Lei 7.210/1984, que permite a abertura prévia das cartas de detentos (recebidas ou enviadas), quando tiver por finalidade evitar práticas ilícitas.

Posso citar 3 exceções ao sigilo das correspondências considerados constitucionais:

- Agentes penitenciários podem abrir cartas endereçadas aos detentos.

- Correios podem abrir cartas se existir suspeita da prática de crimes.

- Pais podem abrir cartas endereçadas aos filhos menores, segundo Estatuto da Criança e do Adolescente.

Sigilo das Comunicações Telefônicas (Interceptação Telefônica)

Bom, a Constituição previu expressamente apenas a possibilidade da violação das comunicações telefônicas, abrangendo além das conversas realizadas por meio de telefone (fixo ou celular), como troca de e-mails e mensagens pelas redes sociais (whatsapp, facebook, instagram etc).

Existem mecanismos legais, hoje, que possibilitam a interceptação das comunicações telefônicas ou telemáticas (telex, fax).

O requisito básico para quebra de sigilo telefônico é a ordem judicial, sendo matéria sujeita à chamada reserva de jurisdição e para investigações criminais ou intrução processual penal.

Outro requisito são as hipóteses e a forma autorizadas em lei, no caso, a Lei 9.296/96, que regulamenta a matéria. Só pode ser utilizada para processos cujo desfecho culmine em pena privativa de liberdade na modalidade de reclusão, e quando a medida mostrar-se indispensável à investigação.

Resumindo, para que seja considerada uma prova lícita, a gravação de conversa telefônica deve possuir os seguintes requisitos:

Autorização Judicial (apenas Juiz poderá autorizar uma interceptação telefônica, jamais Ministério Público, Polícia etc.

Finalidade de investigação criminal ou instrução processual penal (resumindo, deve ter a finalidade de investigar algum crime, jamais poderá ser determinado para casos de natureza cível ou administrativa)

Nas hipóteses de na forma que a lei estabelecer (Somente nos casos que a Lei 9.296/1996, poderá acontecer uma interceptação telefônica)

Interceptação Telefônica em Processo Administrativo

Não é possível a sua decretação em processos administrativos ou cíveis. Não há possibilidade, por exemplo, que num curso de procedimento de separação judicial ou divórcio, um dos cônjuges solicite ao magistrado a autorização para escuta telefônica do consorte, com o intuito de comprovar de infidelidade conjugal. Também não é constitucionalmente cabível a interceptação telefônica no curso de ação civil pública de improbidade administrativa.

Entretanto (outra dica quentíssima para a prova), isso não impede o uso emprestado de provas, ou seja, se no curso da investigação penal surja fato envolvendo servidor público, por exemplo, as provas ligadas à interceptação telefônica poderão ser utilizadas para punição do servidor, no âmbito de processo administrativo disciplinar, ou, ainda, no âmbito de processo civil de improbidade administrativa, mas apenas como prova emprestada, nunca como fonte ou prova autônoma em processo civil ou administrativo.

Esquematizando:

Um dos professores mais citados deste tópico é sem dúvida alguma o Professor Luiz Flávio Gomes (Interceptação Telefônica, ed. Revista dos Tribunais) com a seguinte classificação:

- Gravação ambiental: gravação de comunicação ambiente, feita por um dos interlocutores sem o conhecimento da outra parte;

- Interceptação ambiental: captação de comunicação ambiente, feita por terceiro, sem a ciência dos comunicadores.

- Escuta ambiental: captação de comunicação ambiente, realizada por terceiro, com o conhecimento de um dos comunicadores e sem conhecimento da outra parte;

- Gravação telefônica: gravação da comunicação telefônica realizada por um dos interlocutores sem o conhecimento do outro;

- Interceptação telefônica: também chamada de interceptação em sentido estrito, é a captação da comunicação telefônica feita por um terceiro, sem a ciência dos comunicadores;

- Escuta telefônica: captação de comunicação telefônica por terceiro, com conhecimento de um dos comunicadores, e sem conhecimento da outra parte.

Todas essas modalidades exigem requisição judicial para sua execução, à exceção da escuta ambiental e da gravação telefônica realizadas em defesa própria, e feita por um dos interlocutores ou por terceiros, sem conhecimento do outro interlocutor.

Sigilo bancário, fiscal e telefônico

Como as bancas têm sido muito voláteis a qualquer decisão divergente do STF, guarde para sua prova, neste momento, a certeza da possibilidade da quebra de sigilo bancário e fiscal determinada:

- pelo Poder Judiciário

- pelo Poder Legislativo (Plenário, Comissões e CPI), na sua função fiscalizatória (MS 24.749, rel. min. Marco Aurélio, julg. 29/9/2004, Plenário)

- pelo Tribunal de Contas da União, quando estiverem em jogo recursos do erário (MS 33.340, rel. min. Luiz Fux, julgamento em 26-5-2015, Primeira Turma, DJE de 3-8-2015).

- pelos agentes da fiscalização tributária. (RE 601.314, rel. min. Edson Fachin e ADIs 2.859, 2.390, 2.386 e 2.397, rel. min. Dias Toffoli, julg. em 24/2/2016)

- Ministério Público, excepcionalmente, quando envolver recursos públicos (RHC 133.118, relator Min. Dias Tóffoli, julgamento em 26/9/2017).

Utilização de gravação clandestina

O Supremo Tribunal Federal tem entendimento firmado no sentido de que é constitucional a chamada gravação de conversa, telefônica ou ambiental, por um dos interlocutores, sem o consentimento ou conhecimento por parte do outro. Em regra, essa gravação é ilícita, por ofensa à privacidade ou à intimidade (Art. 5º, X) ou das comunicações telefônicas (art. 5º, XII). Entretanto, a gravação constituirá prova lícita se um dos comunicantes estiver em situação de legítima defesa (ameaça, chantagem, coação, proposta ilícita). Dentre vários precedentes, o RE 583.937 QO/RJ, rel. Min. Cezar Peluso, 19.11.2009.

São essas as chamadas situações excludentes da antijuridicidade (tais como legítima defesa, estado de necessidade), em que a gravação poderá ser realizada validamente sem necessidade de autorização judicial.

Também possível, nesse caso, a gravação de conversa realizada por terceiro, também apenas se for utilizada em legítima defesa de um dos interlocutores, que poderá estar sendo vítima de uma investida criminosa.

Comissão Parlamentar de Inquérito (CPI)

Vale lembrar também que Comissão Parlamentar de Inquérito(CPI) não tem competência para determinar a interceptação telefônica, mas apenas e tão somente a quebra dos registros telefônicos – quem ligou para quem, duração das chamadas, data e hora.

9. LIBERDADE DO EXERCÍCIO DE TRABALHO, OFÍCIO E PROFISSÃO

Prescreve o inciso XIII do art. 5º que

> *XIII - é livre o exercício de qualquer trabalho, ofício ou profissão, atendidas as qualificações profissionais que a lei estabelecer".*

Trata-se, aqui, de dispositivo de eficácia contida, dotado de aplicabilidade direta e imediata, porém sujeito a restrições estabelecidas pela lei.

Nesse sentido, para que você exerça a profissão de analista de sistemas, processador de dados ou profissional comunicação e marketing não necessita comprovar a graduação em curso superior específico ou estar registrado no órgão profissional competente.

Já para exercer o ofício de médico, odontólogo ou advogado, não poderá fazê-lo senão após cumprir as exigências legais e as normas expedidas pelas autarquias profissionais que regulamentam essas profissões.

Resumindo, se a sua profissão não possui regulamentação por lei, você poderá exercê-la de qualquer jeito, pois não existem regras. Entretanto, caso a sua profissão exija o preenchimento de requisitos legais, você só poderá exercê-la se preencher os mesmos.

Profissão de Jornalista

Importante jurisprudência do STF diz respeito à profissão de jornalista. O Supremo assentou que é inconstitucional a exigência do diploma de jornalismo e registro profissional no Ministério do Trabalho como condição para o exercício da profissão de jornalista. Segundo o STF, no campo da profissão de jornalista, não há espaço para a regulação estatal quanto às qualificações profissionais. A impossibilidade do estabelecimento de controles estatais sobre a profissão jornalística leva à conclusão de que não pode o Estado criar uma ordem ou um conselho profissional (autarquia) para a fiscalização desse tipo de profissão

Segundo o Supremo,

> "O art. 5º, incisos IV, IX, XIV, e o art. 220, não autorizam o controle, por parte do Estado, quanto ao acesso e exercício da profissão de jornalista. Qualquer tipo de controle desse tipo, que interfira na liberdade profissional no momento do próprio acesso à atividade jornalística, configura, ao fim e ao cabo, controle prévio que, em verdade, caracteriza censura prévia das liberdades de expressão e de informação, expressamente vedada pelo art. 5º, inciso IX, da Constituição" (RE 511.961, rel. Min. Gilmar Mendes, julg. em 17/6/2009).

Ou seja, ao conferir quase absoluta liberdade à atividade jornalística, o STF acabou criando um paradoxo, cerceando o próprio direito da classe de estabelecer controles ou limites a si própria (curso superior específico, fiscalização mediante conselho etc).

10. LIBERDADE DE LOCOMOÇÃO

Prevista no inciso XV, do art. 5º:

> *XV - é livre a locomoção no território nacional em tempo de paz, podendo qualquer pessoa, nos termos da lei, nele entrar, permanecer ou dele sair com seus bens;*

Trata-se de direito ligado à liberdade, direito de primeira dimensão, cuja violação oportuniza a interposição de Habeas Corpus, remédio constitucional destinado a assegurar a liberdade de ir e vir (inciso LXVIII, art. 5º).

Forças militares estrangeiras

Naturalmente, não estão amparados por este direito forças militares estrangeiras, que somente poderão transitar em território nacional caso haja permissão nesse sentido pelo Presidente da República, conforme art. 49, II e art. 84, XXII, da CF:

> *Art. 49. É da competência exclusiva do Congresso Nacional:*
>
>> *II - autorizar o Presidente da República a declarar guerra, a celebrar a paz, a permitir que forças estrangeiras transitem pelo território nacional ou nele permaneçam temporariamente, ressalvados os casos previstos em lei complementar;*
>
> *Art. 84. Compete privativamente ao Presidente da República:*
>
>> *XXII - permitir, nos casos previstos em lei complementar, que forças estrangeiras transitem pelo território nacional ou nele permaneçam temporariamente;*

11. LIBERDADE DE REUNIÃO

Determina o inciso XVI do art. 5º da CF/88 que:

XVI - todos podem reunir-se pacificamente, sem armas, em locais abertos ao público, independentemente de autorização, desde que não frustrem outra reunião anteriormente convocada para o mesmo local, sendo apenas exigido prévio aviso à autoridade competente;

Requisitos para uma manifestação lícita:

- Pacífica
- Sem armas
- Prévio aviso a autoridade compete (CUIDADO, não se exige pedido de autorização, apenas um aviso que será feita uma manifestação em tal dia, hora e local).
- Nenhuma reunião poderá frustrar outra previamente comunicada para o mesmo dia, hora e local. Entenda que quem avisar primeiro terá prioridade em realizar a sua manifestação.

REMÉDIO CONSTITUCIONAL PARA COMBATER A FRUSTRAÇÃO AO DIREITO DE REUNIÃO

Não é o habeas corpus mas sim o mandado de segurança, remédio constitucional que iremos estudar mais para frente.

Marcha da Maconha e Parada Gay

Essa reunião poderá ser estática ou dinâmica, uma passeata, uma reunião, uma manifestação, uma parada gay. O STF deu interpretação conforme a Constituição ao art. 287 do Código Penal, e ao § 2º do artigo 33 da Lei nº 11.343/2006, para afastar qualquer entendimento no sentido de que as "marcha da maconha" constituem apologia ao crime.

Para os ministros presentes à sessão, prevalece nesses casos a liberdade de expressão e de reunião (art. 5º, IV e XVI, CF). A Corte destacou, entretanto, que as manifestações devem ser lícitas, pacíficas, sem armas, e com prévia notificação da autoridade competente (ADPF 187, rel. min. Celso de Mello, j. 15/6/2011, Plenário; ADI 4.274, rel. min. Ayres Britto, j. 23/11/2011).

Entretanto, o STF não admite a participação de crianças e adolescentes nessas manifestações:

"Obviamente, o atingimento da maioridade permitirá ao indivíduo, segundo a sua livre convicção, defender ou não a descriminalização das drogas. Contudo, o engajamento de menores em movimentos dessa natureza, esperando-se deles a defesa ostensiva do consumo legalizado de entorpecentes como a maconha, interfere indevidamente no processo de formação de sua autonomia e aponta em sentido oposto àquele sinalizado pela Constituição no art. 227, caput e § 3º, VII" (voto do Min. Luiz Fux na ADPF 187/DF).

12. LIBERDADE DE ASSOCIAÇÃO

Dispõem os incisos XVII a XX do art. 5º da Constituição Federal:

XVII - é plena a liberdade de associação para fins lícitos, vedada a de caráter paramilitar;

XVIII - a criação de associações e, na forma da lei, a de cooperativas independem de autorização, sendo vedada a interferência estatal em seu funcionamento;

XIX - *as associações só poderão ser compulsoriamente dissolvidas ou ter suas atividades suspensas por decisão judicial, exigindo-se, no primeiro caso, o trânsito em julgado;*

XX - *ninguém poderá ser compelido a associar-se ou a permanecer associado;*

Requisitos para um Associação Lícita:

- Fins lícitos

Tal liberdade alcança apenas as associações criadas para fins lícitos. Não poderão os cidadãos, portanto, criar uma "associação dos perseguidores de mendigos", ou de "combate armado ao sistema que está aí", sob pena de interferência direta ou dissolução compulsória.

- Vedada associações paramilitares

Sendo aquelas com hierarquia, utilização de fardamento e armas. Exemplos são as FARC's na Colômbia.

- Nenhum associado pode ser obrigado a se associar ou permanecer associado.

- O Estado não poderá interferir na criação de associações e no seu funcionamento.

Suspensão das atividades e Dissolução de Associações

Aliás, tema recorrente e que confunde os candidatos diz respeito à suspensão das atividades da associação e à sua dissolução compulsória. Somente a dissolução compulsória (extinção) da associação exige o trânsito em julgado da decisão judicial. Para a suspensão, basta a decisão de primeiro grau.

Suponha que as torcidas organizadas da "Mancha Verde" e da "Gaviões da Fiel" entrem em conflito e provoquem perturbação da ordem, agressões e mortes. O Ministério Público poderá solicitar e o juiz deferir, a suspensão das atividades dessas agremiações, mas a dissolução compulsória somente ocorrerá com o trânsito em julgado da decisão (art. 5º, XIX). Trânsito em julgado é aquele relativo à decisão da qual não caiba mais recurso judicial, a não ser ação rescisória, no prazo de dois anos.

SUSPENSÃO DAS ATIVIDADES DE ASSOCIAÇÃO ILÍCITA	DISSOLUÇÃO COMPULSÓRIA DE ASSOCIAÇÃO ILÍCITA
Decisão Judicial	Decisão Judicial transitada em julgado.

Representação processual versus substituição processual

Dispõe o inciso XXI do art. 5º que as "entidades associativas, quando expressamente autorizadas, têm legitimidade para representar seus filiados judicial ou extrajudicialmente". Trata-se, aqui, da hipótese de representação judicial, na qual o titular do direito tem o direito de outorgar expressamente a terceiros, representantes, que o representem perante o Poder Judiciário, na defesa dos direitos do representado.

Em alguns casos, entretanto, a Constituição autoriza a determinadas pessoas jurídicas a denominada legitimação ativa extraordinária, o que caracteriza a chamada substituição processual. Nesses casos, o substituto processual ajuíza a ação em seu nome, mas em defesa de um direito alheio, do substituído. Nesta situação, não é necessário que o substituído autorize expressamente o substituto a ajuizar a ação.

É o caso também do inciso LXX do art. 5º, ocorre a hipótese de mandado de segurança coletivo impetrado por associação, organização sindical ou entidade de classe, obedecidos determinados requisitos. Aqui, a Constituição não exigiu autorização expressa dos associados, surgindo aqui, então, a hipótese de substituição processual, bastando que os estatutos jurídicos das entidades ali referidas autorizem a defesa do direito pleiteado pelo substituído.

Art. 5º LXX - o mandado de segurança coletivo pode ser impetrado por:

a) partido político com representação no Congresso Nacional;

b) organização sindical, entidade de classe ou associação legalmente constituída e em funcionamento há pelo menos um ano, em defesa dos interesses de seus membros ou associados;

O quadro abaixo resume a distinção.

Representação Judicial (art. 5º, XXI)	Substituição Processual (Art. 5º, LXX)
Necessidade de autorização expressa dos associados	Desnecessidade de autorização expressa dos associados (basta autorização genérica nos atos constitutivos)
Defesa do direito dos associados em outras ações judiciais (que não mediante impetração de mandado de segurança coletivo) ou recursos administrativos.	Defesa dos direitos dos associados mediante impetração de mandado de segurança coletivo, nos termos do art. 5º, LXX, da Constituição

13. DIREITO DE PROPRIEDADE

A propriedade, como manifestação de um direito de primeira geração, encontra-se consagrado no caput do art. 5º, incisos XXII a XXVI, ao lado de outros direitos individuais elementares, e caracteriza o Brasil como estado capitalista. Não é, entretanto, um direito de natureza absoluta, como podemos depreender de diversos incisos e artigos da Constituição:

Art. 5º Todos são iguais perante a lei, sem distinção de qualquer natureza, garantindo-se aos brasileiros e aos estrangeiros residentes no País a inviolabilidade do direito à vida, à liberdade, à igualdade, à segurança e à propriedade, nos termos seguintes:

> XXII - é garantido o direito de propriedade;
>
> XXIII - a propriedade atenderá a sua função social;
>
> XXIV - a lei estabelecerá o procedimento para desapropriação por necessidade ou utilidade pública, ou por interesse social, mediante justa e prévia indenização em dinheiro, ressalvados os casos previstos nesta Constituição;
>
> XXV - no caso de iminente perigo público, a autoridade competente poderá usar de propriedade particular, assegurada ao proprietário indenização ulterior, se houver dano;
>
> XXVI - a pequena propriedade rural, assim definida em lei, desde que trabalhada pela família, não será objeto de penhora para pagamento de débitos decorrentes de sua atividade produtiva, dispondo a lei sobre os meios de financiar o seu desenvolvimento;

Vamos iniciar os estudos deste tópico pela Desapropriação, sendo a transferência compulsória (contra a vontade) da propriedade particular para o Estado.

Tipos de Desapropriação

DESAPROPRIAÇÃO ORDINÁRIA - CF, art. 5º, XIV:

Se houver: necessidade ou utilidade ? pública; ou interesse? social.

Necessita ainda de uma lei para estabelecer o procedimento de desapropriação.

Indenização:

- justa;
- prévia; e
- em dinheiro.

Essa é a desapropriação ordinária.

O Poder competente será o Executivo de qualquer esfera de poder.

É bom prestar atenção na literalidade: por "interesse social" e lembrar-se que a indenização precisa conter esses três requisitos: ser justa, prévia e em dinheiro, senão padecerá de vício de inconstitucionalidade.

Fundamentos:

- Interesse social: ocorre para trazer melhorias às classes mais pobres, como dar assentamento a pessoas.
- Necessidade pública: A desapropriação é imprescindível para alcançar o interesse público.
- Utilidade pública: Não é imprescindível, mas, será vantajosa para se alcançar o interesse público.

DESAPROPRIAÇÃO EXTRAORDINÁRIA DE IMÓVEL URBANO - 2– CF, art. 182, § 4:

No caso de solo urbano não edificado ou subutilizado.

Competente: poder municipal.

Precisa de lei específica municipal nos termos de lei federal.

A área deve estar incluída no Plano Diretor.

A desapropriação é o último remédio após o Município promover:

- parcelamento ou edificação compulsórios do terreno;

- IPTU progressivo no tempo até alcançar certo limite estabelecido na lei.

- Indenização:

- mediante títulos da divida pública com prazo de resgate de até 10 anos.

- a emissão dos títulos deve ser previamente aprovada pelo Senado Federal;

- as parcelas devem ser anuais, iguais e sucessivas.

A regra acima é apenas para o imóvel não edificado ou subutilizado, regra geral: As desapropriações de imóveis urbanos serão feitas com prévia e justa indenização em dinheiro.

DESAPROPRIAÇÃO EXTRAORDINÁRIA DE IMÓVEL RURAL - CF, art. 184:

Para fins de reforma agrária:

a) competente: União;

b) também é por interesse social;

- somente se aplica ao imóvel que não estiver cumprindo sua função social.

c) Indenização:

- justa;

- prévia;

- em títulos da dívida agrária resgatáveis em até 20 anos;

- se houver benfeitorias úteis ou necessárias, estas devem ser indenizadas em dinheiro;

- o resgate dos títulos é a partir do segundo ano de sua emissão.

As operações de transferência de imóveis que são desapropriados para fins de reforma agrária são imunes a quaisquer impostos (não abrange todos os tributos, apenas os impostos, que são uma das espécies do gênero tributo), sejam eles federais, estaduais ou municipais – trata-se de uma imunidade constitucional – CF, art. 184, § 5º.

DESPROPRIAÇÃO CONFISCO - CF, art. 243:

Se houver cultivo ilegal de plantas psicotrópicas, haverá expropriação imediata sem direito a qualquer indenização;

Finalidade: As "glebas" serão especificadamente destinadas ao assentamento de colonos para que cultivem produtos alimentícios ou medicamentosos.

- Essa desapropriação é chamada por alguns de confisco e é regulada pela Lei nº 8.257/91.

- Para que ocorra a expropriação, o cultivo deve ser ilegal, ou seja, não estar autorizado pelo órgão competente do Ministério da Saúde, e não atendendo exclusivamente a finalidades terapêuticas e científicas.

> - Art. 243, parágrafo único: Qualquer bem de valor econômico que seja apreendido em decorrência do tráfico ilícito de entorpecentes e drogas afins será revertido para tratamento e recuperação de viciados e para custeio das atividades de fiscalização, controle, prevenção e repressão ao tráfico.

- Segundo o STF, toda a gleba deverá ser expropriada e não apenas a parte que era usada para o plantio.

Desapropriação direta e indireta

A desapropriação direta é aquela que atendeu a legislação no procedimento desapropriatório. Já a desapropriação indireta é aquela que não atendeu a legislação tendo seguinte entendimento o STF:

"O apossamento irregular do bem imóvel particular pelo Poder Público, uma vez que não obedeceu ao procedimento previsto pela lei. Esta desapropriação pode ser impedida por meio de ação possessória, sob a alegação de esbulho. Entretanto a partir do momento em que a Administração Pública der destinação ao imóvel, este passa a integrar o patrimônio público, tornando-se insuscetível de reintegração".

14. DIREITO DO CONSUMIDOR

Estabelece o inciso XXXII do art. 5º:

> *XXXII - o Estado promoverá, na forma da lei, a defesa do consumidor;*

Trata-se de norma constitucional de eficácia limitada, regulamentada pelo Código de Defesa do Consumidor, elaborado em obediência ao art. 48 do ADCT que, ordenou a elaboração da referida lei dentro de 120 dias da promulgação da Constituição. No entanto, o referido Código (Lei 8.078/1990), só entrou em vigor em março de 1991.

Além dessa, outras leis tratam da defesa dos direitos do consumidor, sob diversos aspectos, como o Estatuto do Idoso (Lei 10.741/2003) e o Estatuto do Torcedor (Lei 10.671/2005).

15. DIREITO DE INFORMAÇÃO, DE PETIÇÃO E DE OBTER CERTIDÕES

A Constituição garante o direito de obter informações dos órgãos públicos, nas condições do inciso XXXIII do artigo 5º da Constituição:

> *XXXIII - todos têm direito a receber dos órgãos públicos informações de seu interesse particular, ou de interesse coletivo ou geral, que serão prestadas no prazo da lei, sob pena de responsabilidade, ressalvadas aquelas cujo sigilo seja imprescindível à segurança da sociedade e do Estado.*

Constitui-se em instrumento de que dispõe qualquer pessoa para levar ao conhecimento dos poderes públicos fato ilegal ou abusivo, contrário ao interesse público, a fim de que sejam adotadas as medidas necessárias.

Perceba que não são somente as informações de interesse particular mas também de interesse coletivo ou geral.

A Constituição consagra ainda a todos, independentemente do pagamento de taxas, o direito de petição aos poderes públicos e a obtenção de certidões, no art. 5º, inciso XXXIV:

> *XXXIV - são a todos assegurados, independentemente do pagamento de taxas:*
>
> *a) o direito de petição aos Poderes Públicos em defesa de direitos ou contra ilegalidade ou abuso de poder;*
>
> *b) a obtenção de certidões em repartições públicas, para defesa de direitos e esclarecimento de situações de interesse pessoal;*

Segundo o STF, a exigência de depósito ou arrolamento prévio de bens e direitos como condição de admissibilidade de recurso administrativo constitui obstáculo sério (e intransponível, para consideráveis aparcelas da população) ao exercício do direito de petição (CF, art. 5º, XXXIV), além de caracterizar ofensa ao princípio do contraditório (CF, art. 5º, LV). Nesse sentido editou a seguinte Súmula Vinculante:

Súmula Vinculante 21: É inconstitucional a exigência de depósito ou arrolamento prévios de dinheiro ou bens para admissibilidade de recurso administrativo.

Negativa em fornecer informações através de certidão

Atenção: em respeito à negativa da administração para o fornecimento de informações de interesse particular através de certidões (inciso XXXIV, "b", art. 5º) qual o remédio idôneo para sua repressão? Seria o habeas data?

Negativo. É o mandado de segurança. Mesmo que ainda não tenhamos estudado esses dois remédios, vale a pena já ir conferindo algumas questões sobre o assunto, mais abaixo. É porque neste caso se trata de direito líquido e certo assegurado pelo constituinte de ter acesso às informações, com as ressalvas do inciso XXXIII, do art. 5º.

E isso também porque o habeas data é somente para o para assegurar o conhecimento de informações relativas à pessoa do impetrante, constantes de registros ou bancos de dados de entidades governamentais ou de caráter público; ou para retificação desses dados, quando não se prefira fazê-lo por processo sigiloso, judicial ou administrativo.

Negativa de Informação da própria pessoa	Negativa de certidão
Habeas-Data	Mandado de Segurança

16. PROPRIEDADE INTELECTUAL

Estabelecido em 3 incisos do art. 5º:

XXVII - aos autores pertence o direito exclusivo de utilização, publicação ou reprodução de suas obras, transmissível aos herdeiros pelo tempo que a lei fixar;

XXVIII - são assegurados, nos termos da lei:

a) a proteção às participações individuais em obras coletivas e à reprodução da imagem e voz humanas, inclusive nas atividades desportivas;

b) o direito de fiscalização do aproveitamento econômico das obras que criarem ou de que participarem aos criadores, aos intérpretes e às respectivas representações sindicais e associativas;

XXIX - a lei assegurará aos autores de inventos industriais privilégio temporário para sua utilização, bem como proteção às criações industriais, à propriedade das marcas, aos nomes de empresas e a outros signos distintivos, tendo em vista o interesse social e o desenvolvimento tecnológico e econômico do País;

As questões sobre este assunto envolvem basicamente a literalidade do texto constitucional. Lembre-se de que a transmissão do direito autoral dos autores aos herdeiros dura somente o tempo que a lei fixar.

Outra observação diz respeito ao privilégio vitalício do direito autoral (pois a CF não estabeleceu prazo, permitindo inclusive a transmissão desse direito aos herdeiros) e do privilégio temporário do direito de propriedade industrial.

Dessa forma, um escritor deterá os direitos exclusivos de suas obras até o fim da vida. Já o desenvolvedor de uma nova tecnologia (um software, um aplicativo, um material novo) deverá, mais cedo ou mais tarde, compartilhar essa descoberta, cedendo os direitos de produção e exploração.

17. DIREITO DE HERANÇA

A Constituição Federal de 1988, altamente prolixa ou analítica, trata dos mais diversos assuntos, este especificamente ligado ao direito civil das sucessões. Estabelecem os incisos XXX e XXXI do art. 5º:

> *XXX - é garantido o direito de herança;*
>
> *XXXI - a sucessão de bens de estrangeiros situados no País será regulada pela lei brasileira em benefício do cônjuge ou dos filhos brasileiros, sempre que não lhes seja mais favorável a lei pessoal do "de cujus";*

E quem é esse tal de de cujus? É o falecido que deixou algo para os herdeiros, além de dívidas... agora, se a lei do país de origem do falecido, caso este seja estrangeiro, for mais favorável aos herdeiros, aplica-se a lei estrangeira. Caso contrário, via de regra, vale a lei brasileira, em especial o Código Civil de 2002, no capítulo do direito das sucessões.

18. INAFASTABILIDADE DA JURISDIÇÃO

Determina o inciso XXXV do art. 5º:

> *XXXV - a lei não excluirá da apreciação do Poder Judiciário lesão ou ameaça a direito;*

Essa garantia caracteriza o chamado princípio da Jurisdição Una, onde apenas o Judiciário poderá dar a palavra final para algum tipo de litígio e o princípio da Inafastabilidade da Jurisdição, onde ninguém pode ser impedido de buscar a Justiça.

No Brasil, mesmo a última decisão administrativa irreformável pode ser apreciada pelo Poder Judiciário. A esfera administrativa, em regra é facultativa, com algumas exceções, nas quais o cidadão é obrigado a percorrer as instâncias administrativas antes de buscar a tutela do Judiciário.

As exceções ao caráter facultativo da esfera administrativa ou à jurisdição una são:

- *habeas data;*
- *Justiça Desportiva;*
- *Descumprimento de Súmula Vinculante por ato administrativo.*

No caso de habeas data, basta a negativa da via administrativa e o esgotamento de recursos administrativos, para ingressar com a ação junto ao Poder Judiciário.

Quanto à Justiça Desportiva, de acordo com o art. 217, § 1º, o Poder Judiciário só admitirá ações relativas à disciplina e às competições desportivas após esgotarem-se as instâncias da justiça desportiva, regulada em lei. Claro está que os tribunais desportivos não integram o Poder Judiciário.

A EC 45/04 conferiu força vinculante a algumas Súmulas aprovadas pelo STF. Trataremos desse assunto ao falar de Poder Judiciário e Controle de Constitucionalidade, mas, em resumo, isso significa que nenhum outro tribunal inferior e nenhum órgão/entidade da Administração Direta ou Indireta de todas as esferas não poderão decidir em sentido contrário a essa Súmula.

Se um juiz ou tribunal inferior descumprir uma Súmula Vinculante, qualquer brasileiro que se sinta prejudicado pelo descumprimento da mesma pode impetrar reclamação perante o STF. No entanto, se o descumprimento originar-se da Administração Pública, Direta ou Indireta, na esfera Federal, Estadual ou Municipal, nenhum brasileiro poderá reclamar diretamente no STF antes de esgotar a via administrativa.

Somente após o esgotamento das vias administrativas, é que poderá o requerente interpor Reclamação perante o Supremo Tribunal Federal, conforme autoriza o art. 103-A, § 3º:

> § 3º Do ato administrativo ou decisão judicial que contrariar a súmula aplicável ou que indevidamente a aplicar, caberá reclamação ao Supremo Tribunal Federal que, julgando-a procedente, anulará o ato administrativo ou cassará a decisão judicial reclamada, e determinará que outra seja proferida com ou sem a aplicação da súmula, conforme o caso.

19. DIREITO ADQUIRIDO, COISA JULGADA E ATO JURÍDICO PERFEITO

A Constituição estabelece, como regra, que a lei não poderá retroagir para prejudicar direitos e situações constituídas. Estabelece o inciso XXXVI da CF/88:

> *XXXVI - a lei não prejudicará o direito adquirido, o ato jurídico perfeito e a coisa julgada;*

Essa limitação visa a garantir o princípio da segurança jurídica, obstando leis que incidam retroativamente sobre situações atinentes à esfera jurídica subjetiva do indivíduo, já consolidadas na vigência da legislação pretérita.

Direito adquirido. É aquele que a lei considera definitivamente integrado ao patrimônio do titular, ainda que não o exercite de imediato, uma vez que o exercício está protegido pelo direito.

Ato jurídico perfeito, entende-se aquele que se aperfeiçoou, reunindo todos os elementos necessários à sua formação, sob a vigência de determinada lei.

Coisa julgada é a decisão judicial irrecorrível, da qual não cabe mais recurso, a não ser ação rescisória, que pode ser interposta no prazo de 2 anos após o trânsito em julgado, diante de fatos ou provas novas com eficácia sobre a decisão recorrida.

20. PRINCÍPIO DO JUIZ NATURAL

É direito de todos nós, segundo nos incisos XXXVII e LIII da Constituição, que só podemos ser julgados por órgãos criados previamente pela lei para isso, não podendo haver tribunais de exceção, o que traria insegurança e caos na sociedade:

XXXVII - não haverá juízo ou tribunal de exceção;

LIII - ninguém será processado nem sentenciado senão pela autoridade competente;

E o que é um juízo ou tribunal de exceção? É o criado posteriormente à prática de determinado delito para o julgamento dos infratores. Totalmente proibido no Brasil a criação de tribunais ou juízos para julgar especificamente uma pessoa.

Já a autoridade ou juízo competente estão previstos na própria Constituição, no caso do Poder Judiciário, nas leis processuais e também nos regramentos administrativos, motivo pelo qual este princípio informa tanto a esfera judicial quanto a administrativa.

Por fim, tem como desdobramento o princípio do promotor natural, princípio implícito que decorre da independência funcional e da inamovibilidade dos promotores, previstos no art. 127, § 1º e 128, § 5º.

Promotor Natural

As mesmas regras discutidas acima sobre Juiz Natural, se aplicam para os membros do Ministério Público, não podendo ocorrer disponibilidade de promotores e procuradores para casos de forma indiscriminada, devendo ser respeitada a legislação aplicável.

Delegado Natural

Entende-se que para o cargo de delegado é plenamente possível a indicação da referida autoridade policial para que venham a atuar em determinadas investigações, ou seja, não se aplica a regra do Juiz Natural.

Criação de Câmara de Férias em Tribunais e o Desaforamento

O Professor Uadi Lammêgo Bulos ensina que o fundamento deste princípio é que o acusado possa ter o seu processo analisado de forma livre e independente, de acordo com a legalidade.

STF 704: A criação de câmara de férias em tribunais e as hipóteses de desaforamento não caracteriam ofensa ao princípio da Juiz Natural.

21. TRIBUNAL DO JÚRI

A instituição do tribunal do júri é prevista no art. 5º, XXXVIII:

> *XXXVIII - é reconhecida a instituição do júri, com a organização que lhe der a lei, assegurados:*
>
> *a) a plenitude de defesa;*
>
> *b) o sigilo das votações;*
>
> *c) a soberania dos veredictos;*
>
> *d) a competência para o julgamento dos crimes dolosos contra a vida;*

Trata-se de um instituto de origem anglo-saxã, presente na maior parte dos Estados Democráticos, no pressuposto de que determinados crimes, pela sua gravidade e impacto social, devam ser julgados não pelo Estado-Juiz mas por pessoas comuns, cidadãos leigos, não necessariamente com formação jurídica.

A plenitude de defesa é assentada no princípio da ampla defesa e do contraditório destinados aos acusados em geral, e diz respeito ao réu, mormente na área penal. Podem para defesa durante o Tribunal do Júri utilizar qualquer meio de prova, desde que não seja contrária a lei, como por exemplo a utilização de cartas psicografadas para absolver um acusado de homicídio.

MG: carta psicografada absolve acusado por assassinato

Uma carta psicografada foi usada durante um processo de homicídio e cujo julgamento foi realizado em Uberaba (MG) nesta quinta-feira, 20. Para provar sua inocência, a defesa do réu Juarez Guide da Veiga usou trechos do que teria dito a vítima - João Eurípedes Rosa, o "Joãozinho Bicheiro", como era conhecido, por meio de um médium. Na correspondência pós-morte, a vítima diz ter dado motivo para o crime ao agir com ódio e ignorância ao ver a ex-companheira em companhia de Juarez.

O sigilo das votações é imprescindível para assegurar a autonomia e a imparcialidade dos jurados. Diferentemente da práxis processual norte-americana, por exemplo, em que os jurados conversam e discutem entre si, para tentar chegar a um consenso, no Brasil, os integrantes do Conselho de Sentença não podem trocar informações, sendo nulo o veredicto que violar essa regra.

A soberania dos veredictos é inerente ao tribunal do júri. Significa que das decisões do tribunal do juri, e em penhor da soberania dos veredictos, não é garantido o direito de recorrer. Entretanto, esse princípio não é absoluto. Suas decisões podem ser confrontadas pelo Poder Judiciário em situações excepcionais, por exemplo, quando os jurados decidem de forma manifestamente contrária à prova dos autos, devendo eventual recurso ser conhecido para que o "tribunal popular" profira outra decisão.

O STF decidiu também, por mais estranho que pareça, que o crime de latrocínio (roubo com utilização de violência e com resultado morte, art. 157, § 3º, Código Penal) não se submete ao júri, pois configura crime contra o patrimônio e não crime doloso contra a vida. E ainda editou Súmula a respeito:

> *Súmula 603/STF: A competência para o processo e julgamento de latrocínio é do juiz singular e não do tribunal do júri.*

Autoridades com foro privilegiado e o Tribunal do Júri

Nem todo aquele que pratica um crime doloso contra a vida é julgado pelo júri popular. Embora a Constituição outorgue competência ao júri popular, o STF assentou entendimento de que as autoridades que dispõem foro especial por prerrogativa de função definido na Constituição Federal se praticarem crime doloso contra vida, serão julgadas de acordo com seu foro. Por exemplo: o Prefeito será julgado pelo Tribunal de Justiça; Governador tem foro especial no STJ.

Já as Constituições estaduais podem dilatar o foro especial para autoridades locais, desde que não haja, a juízo do STF, incompatibilidade do exercício da função pública. Diante do caso concreto, o tribunal vai decidir se há ou não compatibilidade: por exemplo, o STF decidiu que delegados de polícia civil não têm direito a foro especial, não há razoabilidade nessa previsão da constituição estadual.

Entretanto, a competência do Foro Especial definido exclusivamente na Constituição Estadual não prevalece sobre a competência do Tribunal do Júri para os crimes dolosos contra vida, apenas para os demais crimes. Caso a prerrogativa esteja também prevista na Constituição Federal, prevalecerá o foro privilegiado sobre a competência do júri. Por exemplo, não há previsão, na Constituição Federal, de foro privilegiado para crimes contra a vida praticados por secretários de estado, não podendo a Constituição Estadual estabelecer, portanto, a competência do órgão especial do tribunal de justiça para o julgamento de tais crimes.

Sobre o assunto, o Supremo Tribunal Federal editou a seguinte Súmula:

Súmula 721 "A competência Constitucional do tribunal do júri prevalece sobre o foro por prerrogativa de função estabelecida exclusivamente pela Constituição Estadual."

SÚMULA VINCULANTE 45 e STF 721: a competência constitucional do tribunal do júri prevalece sobre o foro por prerrogativa de função estabelecido exclusivamente pela Constituição Federal.

A Constituição do Estado do Amazonas prevê que os Secretários de Estado, se praticarem algum crime, deverão ser julgados pelo Tribunal de Justiça (e não pelo juízo de 1ª instância). Em outras palavras, a Constituição do Estado confere aos Secretários de Estado foro por prerrogativa de função.

Pode-se dizer que esse foro por prerrogativa de função é estabelecido exclusivamente pela Constituição Estadual (a CF/88 não traz uma regra prevendo isso).

Suponha, então, que um Secretário do Estado do Amazonas cometa homicídio doloso contra alguém.

Quem julgará esse Secretário Estadual pelo homicídio por ele praticado?

Temos aqui um impasse: a CF/88 determina que esse réu seja julgado pelo Tribunal do Júri e a Constituição Estadual preconiza que o foro competente é o Tribunal de Justiça.

Qual dos dois comandos deverá prevalecer?

A Constituição Federal, por ser hierarquicamente superior.

Logo, qual é a conclusão:

Se determinada pessoa possui por foro prerrogativa de função previsto na Constituição Estadual e comete crime doloso contra a vida, deverá ser julgada pelo Tribunal do Júri, não prevalecendo o foro privativo estabelecido na Constituição Estadual.

Cuidado com Prefeitos

O foro por prerrogativa de função dos prefeitos é previsto na própria Constituição Federal (art. 29, X). Portanto, caso cometa um crime contra a vida, não será julgado pelo Tribunal do Júri.

22. PRINCÍPIO DA LEGALIDADE E DA IRRETROATIVIDADE DA LEI PENAL

Princípio da legalidade e da irretroatividade da lei penal

Previstos nos incisos XXXIX e XL da Constituição:

> *XXXIX - não há crime sem lei anterior que o defina, nem pena sem prévia cominação legal;*
>
> *XL - a lei penal não retroagirá, salvo para beneficiar o réu;*

Dessa forma, com a interpretação do dispositivo do inciso XL, é possível afirmar que a CF/88 incorporou a irretroatividade da lei penal mais prejudicial, e, por outro lado, a retroatividade da lei penal mais benéfica.

Quanto a estes pressupostos, é importante que você conheça uma exceção contida no Enunciado de Súmula 711 do STF, que adora aparecer em prova: A lei penal mais grave aplica-se ao crime continuado ou ao crime permanente, se a sua vigência é anterior à cessação da continuidade ou da permanência

Crime continuado é aquele que se perpetua no tempo e não se exaure imediatamente. Exemplos são o tráfico de drogas e o sequestro com cárcere privado.

23. DA PROTEÇÃO DOS DIREITOS E LIBERDADES FUNDAMENTAIS

O Inciso XLI ordena ao legislador ordinário que estabeleça punições a quaisquer discriminações que atentem contra os direitos e liberdades fundamentais. Trata-se de dispositivo de conteúdo difuso (coletividade), determinando medidas coercitivas a atos que atentem contra os direitos e liberdades. Contudo, como esses direitos não possuem caráter absoluto, poderão ser limitados em determinadas situações.

XLI - a lei punirá qualquer discriminação atentatória dos direitos e liberdades fundamentais;

24. CRIMES CONSTITUCIONALIZADOS

Grupo de incisos com redação muito ruim de aprendizado com a simples leitura, mas precisamos memorizar completamente os mesmos devido ao alto número de questões sobre tais tópicos.

XLII - a prática do racismo constitui crime inafiançável e imprescritível, sujeito à pena de reclusão, nos termos da lei;

XLIII - a lei considerará crimes inafiançáveis e insuscetíveis de graça ou anistia a prática da tortura, o tráfico ilícito de entorpecentes e drogas afins, o terrorismo e os definidos como crimes hediondos, por eles respondendo os mandantes, os executores e os que, podendo evitá-los, se omitirem;

XLIV - constitui crime inafiançável e imprescritível a ação de grupos armados, civis ou militares, contra a ordem constitucional e o Estado Democrático;

Ação de Grupos Armados contra a ordem constitucional e o Estado Democrático	Inafiançável Imprescritível
Racismo	Inafiançável Imprescritível Sujeito o autor a pena de reclusão
3T + H 3T = Tráfico de entorpecentes, Terrorismo e Tortura H = Crimes Hediondos	Inafiançável Insuscetível de Graça e Anistia

Conceitos para facilitar o entendimento:

Graça: causa extintiva de punibilidade, de caráter pessoal, concedido privativamente pelo Presidente da República, da mesma forma que o indulto, que é de caráter coletivo.

Anistia: é a renúncia do Estado do seu direito de punir determinados fatos. É direcionada a fatos e não a pessoas.

Reclusão e detenção: a distinção ocorre basicamente por conta de que a pena de detenção não admite o regime inicial fechado para execução da pena, apenas o semi-aberto cumprido em estabelecimentos menos rigorosos tais como colônias agrícolas ou similares, ou no regime aberto, em casas de albergue ou estabelecimentos similares. A pena de reclusão admite o regime inicial fechado, em estabelecimentos prisionais de segurança máxima ou média.

25. PRINCÍPIO DA SUCESSÃO E INDIVIDUALIZAÇÃO DA PENA

Previstos nos incisos XLV e XLVI da Constituição:

XLV - nenhuma pena passará da pessoa do condenado, podendo a obrigação de reparar o dano e a decretação do perdimento de bens ser, nos termos da lei, estendidas aos sucessores e contra eles executadas, até o limite do valor do patrimônio transferido;

XLVI - a lei regulará a individualização da pena e adotará, entre outras, as seguintes:

a) privação ou restrição da liberdade;

b) perda de bens;

c) multa;

d) prestação social alternativa;

e) suspensão ou interdição de direitos;

Trata-se do princípio da intranscendência subjetiva das sanções. Esse princípio veda a que sanções pessoais alcancem aqueles que não tiveram participação na execução do ato ilegítimo ou irregular ou não tiveram como impedi-lo.

Cumprimento de pena integramente em regime fechado

Ainda quanto ao esse princípio, o STF assentou a inconstitucionalidade do art. 2º, § 1º, da Lei 8.072/1990 (Lei de Crimes Hediondos), por entender que a imposição de cumprimento da pena em regime integralmente fechado feria o princípio da individualização da pena ao impedir a progressão no regime, nas espécies fechado, semiaberto e aberto, tem como razão maior a ressocialização do preso.

26. DIREITOS CONSTITUCIONAIS DO PRESO

Consignados nos incisos XLVII a XLIX da CF/88:

XLVII - não haverá penas:

a) de morte, salvo em caso de guerra declarada, nos termos do art. 84, XIX;

b) de caráter perpétuo;

c) de trabalhos forçados;

d) de banimento;

e) cruéis;

XLVIII - a pena será cumprida em estabelecimentos distintos, de acordo com a natureza do delito, a idade e o sexo do apenado;

XLIX - é assegurado aos presos o respeito à integridade física e moral;

L - às presidiárias serão asseguradas condições para que possam permanecer com seus filhos durante o período de amamentação;

27. EXTRADIÇÃO

A extradição acontece quando uma pessoa comete um crime em um país, mas foge para outro, sendo presa e encaminhada para o país do lugar do crime.

A extradição classifica-se:

Extradição Ativa: quando solicitada pelo Brasil a outro Estado - exemplo de ex-diretor do Banco do Brasil condenado na Ação Penal 470 – Mensalão, cuja extradição foi requerida pelo Brasil à Itália.

Extradição Passiva: quando requerida por outro país ao Brasil - exemplo da Itália, que requereu a extradição do ativista e guerrilheiro Cesare Battisti.

Nesse sentido, a CF/88 estabeleceu alguns limites à extradição, nos incisos LI e LII do art. 5º:

> *LI - nenhum brasileiro será extraditado, salvo o naturalizado, em caso de crime comum, praticado antes da naturalização, ou de comprovado envolvimento em tráfico ilícito de entorpecentes e drogas afins, na forma da lei;*
>
> *LII - não será concedida extradição de estrangeiro por crime político ou de opinião;*

A principal regra sobre este tema é que o brasileiro nato não será extraditado. Entretanto, poderá perder a condição de brasileiro, ao adquirir outra nacionalidade, por exemplo, sem reconhecimento da nacionalidade originária pela lei estrangeira, nos termos do art. 12, § 4º, II, da CF. Nessa condição, poderá ser extraditado. A perda da nacionalidade de brasileiro nato é declarada por meio de Portaria do Ministério da Justiça.

Exemplo da espécie foi analisado pelo Supremo Tribunal Federal nos autos do MS 33.864, rel. Min. Roberto Barroso, julg. 19/4/2016, no qual brasileira adquiriu voluntariamente a nacionalidade americana em setembro de 1999, mesmo já sendo portadora de um "green card"; jurou fidelidade e lealdade aos Estados Unidos da América, renunciando à cidadania brasileira, casando-se posteriormente com o cidadão americano Karl Hoerig, que foi assassinado, em 12/3/2007, mesma data em que Claudia Sobral – principal suspeita do crime – retornou ao Brasil.

Considerada foragida pela Justiça dos Estados Unidos e com processo de extradição em curso, a defesa de Claudia ajuizou o MS contra a portaria do Ministério da Justiça, de julho de 2013, que declarou a "perda da nacionalidade brasileira" da autora, carioca de 51 anos, alegando violação ao inciso LI do artigo 5º da Constituição:

> *LI - nenhum brasileiro será extraditado, salvo o naturalizado, em caso de crime comum, praticado antes da naturalização, ou de comprovado envolvimento em tráfico ilícito de entorpecentes e drogas afins, na forma da lei;*

A maioria dos cinco ministros da Primeira Turma do STF considerou válida a portaria do Ministério da Justiça, e cassou liminar do Superior Tribunal de Justiça favorável à autora, considerando legítima a decretação da perda da nacionalidade, com fundamento em outro dispositivo constitucional (parágrafo 4º do artigo 12, da CF):

> Art. 12. § 4º - Será declarada a perda da nacionalidade do brasileiro que: I - tiver cancelada sua naturalização, por sentença judicial, em virtude de atividade nociva ao interesse nacional; II - adquirir outra nacionalidade, salvo nos casos: a) de reconhecimento de nacionalidade originária pela lei estrangeira; b) de imposição de naturalização, pela norma estrangeira, ao brasileiro residente em estado estrangeiro, como condição para permanência em seu território ou para o exercício de direitos civis ;

O art. 102, I, g, da Constituição, estabelece ainda a competência do STF para julgamento de extradição solicitada por Estado estrangeiro.

STF autoriza extradição para os EUA de brasileira acusada de matar o marido

Claudia Sobral nasceu no Brasil, mas se naturalizou norte-americana. Tribunal considerou que ela não é mais brasileira e condicionou extradição a compromisso dos EUA de não aplicar pena de morte.

Portanto, o brasileiro naturalizado poderá ser extraditado, se cometer crime comum, antes da naturalização, ou tráfico ilícito de entorpecentes, a qualquer tempo, na forma da lei.

Quanto a extradição de estrangeiros, os mesmos não podem ser extraditados caso estejam sendo perseguidos por crime político ou de opinião.

28. PRINCÍPIO DO DEVIDO PROCESSO LEGAL

Esse princípio importantíssimo, estabelecido no inciso LIV do art. 5º, juntamente com seus consectários, o princípio da ampla defesa e do contraditório (inciso LV), preconiza que todo cidadão tem direito a um processo justo, no âmbito do Judiciário ou da Administração, direito à citação e conhecimento prévio do teor das acusações, a um julgamento público e célere e direito à defesa, inclusive técnica (de advogado).

Preparei uma lista do que mais é cobrado em provas de concursos públicos referente a este princípio. Memorize todos:

- igualdade entre as partes;

- direito ao benefício da gratuidade, quando necessário;

- direito a um juiz natural;

- direito ao silêncio, garantia contra a autoincriminação. Curioso anotar que no interrogatório policial, o acusado não poderá furtar-se a fornecer informações pessoais - nome, endereço, estado civil, se já cumpriu pena etc, podendo apenas omitir-se quanto aos fatos que lhe são imputados.

- direito de produzir provas em sua defesa e de verificar as provas de acusação;

- direito de presenciar os atos de interrogatório dos demais litisconsortes penais;

Importante ainda destacar o princípio constitucional implícito da razoabilidade e proporcionalidade, manifestação do princípio do devido processo legal em seu sentido material ou substantivo. Preconiza que além de um processo justo e dos instrumentos a ele inerentes, não se poderá chegar a uma conclusão desarrazoada ou desproporcional, motivo pelo qual este princípio é também chamado de vedação do excesso.

Não confunda esse princípio com o inciso LXXVIII do art. 5º, que traz a palavra "razoável", mas não no sentido de razoabilidade e sim no de celeridade processual, relativa à razoável duração do processo, seja judicial, seja administrativo.

29. PRINCÍPIO DA AMPLA DEFESA E DO CONTRADITÓRIO

Está explícito no inciso LV do art. 5º:

> *LV - aos litigantes, em processo judicial ou administrativo, e aos acusados em geral são assegurados o contraditório e ampla defesa, com os meios e recursos a ela inerentes;*

Os princípios do contraditório e da ampla defesa são garantias, indissociáveis, caminhando juntas no processo judicial e também no administrativo.

Nesta quadra, vale a pena falarmos um pouco do inquérito policial. O inquérito é um procedimento administrativo, um conjunto de diligências realizadas pela polícia judiciária (civil ou federal) com o intuito de arregimentar provas de determinada infração penal. Por ser um procedimento sigiloso não exige o contraditório e a ampla defesa.

Contudo, o sigilo não abrange o promotor, o juiz da causa e o advogado do investigado, nos termos do Enunciado de Súmula Vinculante nº 14, editado pelo STF:

É direito do defensor, no interesse do representado, ter acesso amplo aos elementos de prova que, já documentados em procedimento investigatório realizado por órgão com competência de polícia judiciária, digam respeito ao exercício do direito de defesa"

Por ampla defesa entende-se o direito dado aos litigantes de trazer ao processo, administrativo ou judicial, todos os elementos de prova licitamente obtidos para provar os fatos que alega, ou até mesmo o direito de se omitir ou permanecer calado, a fim de evitar sua auto-incriminação.

Recentemente (14/11/2018), o Plenário do STF decidiu ser crime a conduta do motorista que foge do local do acidente, não podendo alegar vedação a auto-incriminação.

Motorista que foge do local do acidente comete crime, decide Supremo

Decisão foi tomada por 7 votos a 4. Em recurso, MP contestou absolvição de motorista que deixou local de batida de carro. Código de Trânsito prevê pena de até 1 ano de prisão ou multa.

Por contraditório, entende-se o direito do indivíduo de tomar conhecimento do que é alegado contra ele e contraditar a parte adversa na lide. O contraditório instaura-se a partir da citação válida do réu, no processo judicial ou da comunicação de audiência ou citação, o processo administrativo. Para que esteja caracterizada a oportunidade do contraditório, não há necessidade da realização efetiva do mesmo, basta conferir a oportunidade ao interessado para fazê-lo. Se não o fizer, arcará com os ônus processuais de sua desídia.

Não se aplica ao inquérito policial, pois este tem caráter inquisitório, preliminar. Entretanto, a Súmula Vinculante 14 outorgou ao representante do acusado o acesso aos elementos colhidos na fase de investigação, para permitir justamente o exercício do contraditório e da ampla defesa.

Súmula Vinculante 14/STF: É direito do defensor, no interesse do representado, ter acesso amplo aos elementos de prova que, já documentados em procedimento investigatório realizado por órgão com competência de polícia judiciária, digam respeito ao exercício do direito de defesa.

30. PROVAS ILÍCITAS

O inciso LVI do art. 5º estabelece:

> LVI - *são inadmissíveis, no processo, as provas obtidas por meios ilícitos;*

Também o Código de Processo Penal, em seu art. 157, estabelece:

> *Art. 157. São inadmissíveis, devendo ser desentranhadas do processo, as provas ilícitas, assim entendidas as obtidas em violação a normas constitucionais ou legais.*
>
> § 1º São também inadmissíveis as provas derivadas das ilícitas, salvo quando não evidenciado o nexo de causalidade entre umas e outras, ou quando as derivadas puderem ser obtidas por uma fonte independente das primeiras.
>
> § 2º Considera-se fonte independente aquela que por si só, seguindo os trâmites típicos e de praxe, próprios da investigação ou instrução criminal, seria capaz de conduzir ao fato objeto da prova.
>
> § 3º Preclusa a decisão de desentranhamento da prova declarada inadmissível, esta será inutilizada por decisão judicial, facultado às partes acompanhar o incidente.

Teoria do Fruto da Árvore Envenenada

A chamada doutrina dos frutos da árvore envenenada (fruits of the poisonous tree) estabelece que ninguém pode ser investigado, denunciado ou condenado com base, unicamente, em provas ilícitas, quer se trate de ilicitude originária, quer se cuide de ilicitude por derivação. É essa a vertente adotada pelo STF:

"Irrecusável, por isso mesmo, o fato de que a ineficácia probatória dos elementos de convicção — cuja apuração tenha decorrido, em sua própria origem, de comportamento ilícito dos agentes estatais — torna imprestável, por derivação, a prova penal, inibindo-lhe, assim, a possibilidade de atuar como suporte legitimador de qualquer decisão judicial, mesmo aquela que recebe a denúncia.Esse entendimento, Senhores Ministros, que constitui a expressão mesma da teoria dos "frutos da árvore envenenada" ("fruits of the poisonous tree") – firmada e desenvolvida na prática jurisprudencial da Suprema Corte dos Estados Unidos da América" (Inq 2.424/RJ, rel. min. Cezar Peluso, julg. 26/11/2008).

Se, no entanto, o órgão da persecução penal demonstrar que obteve, legitimamente, novos elementos de informação a partir de uma fonte autônoma de prova (Código de Processo Penal, art. 157, §§ 1º e 2º) – que não guarde qualquer relação de dependência nem decorra da prova originariamente ilícita, com esta não mantendo vinculação causal –, essa prova é admissível, porque não contaminada pela mácula da ilicitude originária. Trata-se da fonte autônoma de prova (an independent source) e a sua desvinculação causal da prova ilicitamente obtida.

Por fim, guarde que a doutrina moderna e a legislação processual penal tem distinguido as provas ilícitas das provas ilegítimas, espécies do gênero prova ilegal.

Provas Ilícitas	Provas Ilegítimas
são as que violam diretamente ou indiretamente a Constituição Federal (ferem normas constitucionais ou legais, de direito material)	Ilegítimas são as provas que violam normas processuais (por exemplo, reconhecimento do acusado sem observância das formalidades previstas no Código de Processo Penal).
A prova ilícita é inadmissível no processo e não pode ser acostada aos autos, se o for deve ser imediatamente desentranhada e não pode ser refeita ou renovada	A prova ilegítima é nula, assim declarada pelo juiz e pode ser refeita ou renovada, com observância agora dos requisitos processuais, nas hipóteses do art. 573 Código de Processo Penal, que você não precisa conhecer, para esta disciplina de Direito Constitucional.

31. PRESUNÇÃO DE INOCÊNCIA E IDENTIFICAÇÃO CRIMINAL

Previstos nos incisos LVII e LVIII do art. 5º:

LVII - ninguém será considerado culpado até o trânsito em julgado de sentença penal condenatória;

LVIII - o civilmente identificado não será submetido a identificação criminal, salvo nas hipóteses previstas em lei;

O Supremo Tribunal Federal, no julgamento do Habeas Corpus 126.292, em 17/2/2016, assentou a possibilidade de início da execução da pena condenatória após a confirmação da sentença em segundo grau, execução essa que não ofende o princípio constitucional da presunção da inocência.

Entenda o seguinte: uma coisa é a pessoa ser considerada culpada, fato que só acontece quando ocorre uma decisão transitada em julgado, outra coisa, é quando é autorizada a prisão de uma pessoa condenada, que acontece com a confirmação da sentença condenatória a partir da confirmação por um tribunal de segunda instância.

Bem, o princípio da presunção de inocência implica também na não produção de provas contra si mesmo, que justifica o direito ao silêncio. O ônus da prova do delito é da acusação, motivo pelo qual o réu também não pode ser obrigado a provar que não praticou tal ou qual ato.

Segundo o STF, a falta da advertência do direito ao silêncio implica em nulidade da audiência ou das provas eventualmente colimadas:

"Juizados especiais criminais. (...) Não tendo sido o acusado informado do seu direito ao silêncio pelo juízo (art. 5º, LXIII), a audiência realizada, que se restringiu à sua oitiva, é nula" (HC 82.463, rel. min. Ellen Gracie, julg. 5/11/2002)."O privilégio contra a autoincriminação – nemo tenetur se detegere –, erigido em garantia fundamental pela Constituição (...) importou compelir o inquiridor, na polícia ou em juízo, ao dever de advertir o interrogado do seu direito ao silêncio: a falta da advertência – e da sua documentação formal – faz ilícita a prova que, contra si mesmo, forneça o indiciado ou acusado no interrogatório formal e, com mais razão, em "conversa informal" gravada, clandestinamente ou não" (HC 80.949, rel. min. Sepúlveda Pertence, julgamento em 30/10/2001).

Por este princípio, o Estado tem a obrigação de comprovar a culpabilidade do infrator. O acusado não poderá levantar provas contra si mesmo. É oponível, entretanto, nos processos no âmbito das Comissões Parlamentares de Inquérito:

"O privilégio contra a autoincriminação – que é plenamente invocável perante as CPIs – traduz direito público subjetivo assegurado a qualquer pessoa, que, na condição de testemunha, de indiciado ou de réu, deva prestar depoimento perante órgãos do Poder Legislativo, do Poder Executivo ou do Poder Judiciário" (HC 79.812, rel. min. Celso de Mello, Julg. 8/11/2000, Pleno).

O direito ao silêncio, portanto, não está restrito ao preso, e pode ser invocado por pessoas em qualquer instância, tais como: administrativa, judicial, de CPI, em processo administrativo disciplinar, ou seja, em qualquer processo administrativo ou judicial, sempre que forem feitos questionamentos que possam levar à incriminação do investigado.

Agora tome cuidado, não é possível alegar direito ao silêncio para questionamentos ligados a coleta de informações e dados pessoais.

Conversas informais com preso, valem como prova?

As conversas informais mantidas com autoridades policiais ou com representantes do ministério público em que a pessoa relate algum fato que possa vir a incriminá-lo, não valem como prova, ou seja trata-se de prova ilícita.

Identificação Criminal

Regra: pessoa que apresenta documento oficial civil de identificação, não poderá ser submetido ao exame de identificação criminal. Consideram-se documentos oficiais aqueles que se encontram no Art. 2º. da Lei 12.037/2009.

Exceção: mesmo apresentando documento oficial de identificação, existem casos no Art. 3 da Lei 12.027/2009 que autorizam a identificação criminal, quando por exemplo estiverem rasurados, com indício de falsificação ou com homônimos, com quando essa identificação for essencial às investigações, inclusive com a coleta de material biológico.

32. AÇÃO PENAL PRIVADA SUBSIDIÁRIA DA PÚBLICA

Segundo o inciso LIX do art. 5º:

> *LIX - será admitida ação privada nos crimes de ação pública, se esta não for intentada no prazo legal;*

No âmbito do direito penal, as ações são via de regra públicas, de iniciativa privativa do Ministério Público (art. 129, I, CF). Entretanto, se não for intentada no prazo legal, normalmente 5 dias se preso o indiciado e 15 dias se solto, pode o ofendido (particular) entrar com a ação privada, subsidiariamente.

33. PUBLICIDADE DE ATOS PROCESSUAIS

Segundo o inciso LX do art. 5º:

> *LX - a lei só poderá restringir a publicidade dos atos processuais quando a defesa da intimidade ou o interesse social o exigirem;*

Em algumas hipóteses, a Constituição assegura a preservação da intimidade e do interesse social, nos termos definidos pela lei.

Lembre-se ainda de que o inquérito policial não é ato processual, constituindo-se em procedimento administrativo sigiloso, com hipóteses taxativas de quebra do sigilo, dentre elas a Súmula Vinculante 14, de que tratamos acima.

34. PRISÃO NA CONSTITUIÇÃO FEDERAL

O assunto prisão é tratado em diversas vertentes na Constituição Federal. A primeira delas diz respeito aos pressupostos básicos para que alguém seja recolhido à prisão e os direitos do preso, previstos nos incisos LXI a LXVI do art. 5º:

> *LXI - ninguém será preso senão em flagrante delito ou por ordem escrita e fundamentada de autoridade judiciária competente, salvo nos casos de transgressão militar ou crime propriamente militar, definidos em lei;*
>
> *LXII - a prisão de qualquer pessoa e o local onde se encontre serão comunicados imediatamente ao juiz competente e à família do preso ou à pessoa por ele indicada;*
>
> *LXIII - o preso será informado de seus direitos, entre os quais o de permanecer calado, sendo-lhe assegurada a assistência da família e de advogado;*
>
> *LXIV - o preso tem direito à identificação dos responsáveis por sua prisão ou por seu interrogatório policial;*
>
> *LXV - a prisão ilegal será imediatamente relaxada pela autoridade judiciária;*
>
> *LXVI - ninguém será levado à prisão ou nela mantido, quando a lei admitir a liberdade provisória, com ou sem fiança;*
>
> *LXVII - não haverá prisão civil por dívida, salvo a do responsável pelo inadimplemento voluntário e inescusável de obrigação alimentícia e a do depositário infiel;*

Prisão Civil pelo não pagamento de pensão alimentícia

Quem é o responsável por inadimplemento voluntário e inescusável de obrigação alimentícia? É o devedor de prestação de alimentos, ou pensão alimentícia, que não quer e não tem motivos para não efetuar o pagamento.

É claro que se o devedor estiver em situação de hipossuficiência e não tiver condições de arcar com a prestação alimentícia, não será considerado inadimplente voluntário e inescusável.

Prisão do Depositário Infiel

Depositário é aquele que figura num contrato de depósito (direito privado) do qual existem 2 sujeitos: depositante e depositário. O objeto típico de um contrato de depósito é sempre coisa móvel. O titular desta coisa móvel a deposita, ou seja, a deixa sob custódia de um terceiro, que é o depositário.

Segundo o Supremo Tribunal Federal, ao edital a Súmula Vinculante N. 25, é proibida a prisão no Brasil de depositário infiel:

Súmula Vinculante 25/STF: É ilícita a prisão civil de depositário infiel, qualquer que seja a modalidade de depósito.

Então vejamos, mesmo encontrando-se expressamente no texto constitucional que seria possível a prisão de depositário infiel, devemos entender que não é mais admissível. Mas Fábio, e se a questão falar: marque conforme texto expresso da Constituição? Bom, somente neste caso você marcará conforme a mesma.

35. ASSISTÊNCIA JUDICIÁRIA GRATUITA E INDENIZAÇÃO POR ERRO JUDICIÁRIO

LXXIV - o Estado prestará assistência jurídica integral e gratuita aos que comprovarem insuficiência de recursos;

Função que é exercida pela Defensoria Pública (art. 134, CF).

> Art. 134. A Defensoria Pública é instituição permanente, essencial à função jurisdicional do Estado, incumbindo-lhe, como expressão e instrumento do regime democrático, fundamentalmente, a orientação jurídica, a promoção dos direitos humanos e a defesa, em todos os graus, judicial e extrajudicial, dos direitos individuais e coletivos, de forma integral e gratuita, aos necessitados, na forma do inciso LXXIV do art. 5º desta Constituição Federal. (Redação da EC 80/2014)

Indenização por Erro do Judiciário

> LXXV - o Estado indenizará o condenado por erro judiciário, assim como o que ficar preso além do tempo fixado na sentença;

O Novo Código de Processo Civil de 2015 delimita as hipóteses em que o magistrado responde por erro judicial:

> Art. 143. O juiz responderá, civil e regressivamente, por perdas e danos quando:
>
> I - no exercício de suas funções, proceder com dolo ou fraude;
>
> II - recusar, omitir ou retardar, sem justo motivo, providência que deva ordenar de ofício ou a requerimento da parte.
>
> Parágrafo único. As hipóteses previstas no inciso II somente serão verificadas depois que a parte requerer ao juiz que determine a providência e o requerimento não for apreciado no prazo de 10 (dez) dias.

36. AÇÕES E MEDIDAS GRATUITAS

Os incisos LXXVI e LXXVII estabelece a gratuidade para determinadas prestações de serviços públicos e dois remédios constitucionais:

LXXVI - são gratuitos para os reconhecidamente pobres, na forma da lei: a) o registro civil de nascimento; b) a certidão de óbito;

LXXVII - são gratuitas as ações de habeas corpus e habeas data, e, na forma da lei, os atos necessários ao exercício da cidadania.

Ações gratuitas **para todos**	Ações gratuitas **para os reconhecidamente pobres**
Habeas Corpus	
Habeas Data	Registro Civil de Nascimento
Atos Necessários ao Exercício da Cidadania	Certidão de Óbito

37. CELERIDADE PROCESSUAL

LXXVIII - a todos, no âmbito judicial e administrativo, são assegurados a razoável duração do processo e os meios que garantam a celeridade de sua tramitação. (Incluído pela EC 45/2004)

Diversos julgados do STF versam sobre o princípio da celeridade processual, norma de aplicação plena e imediata, sem que o Supremo defina, objetivamente, o que venha a ser considerado "razoável duração".

CAPÍTULO III

REMÉDIOS CONSTITUCIONAIS

Os remédios constitucionais recebem esse nome, pois são ações constitucionais que funcionam como verdadeiros "remédios" contra os abusos cometidos. Por exemplo, se alguém sofrer abuso ao seu direito de locomoção, esse mal será remediado com um habeas corpus, se o abuso for relativo ao direito de informação, será usado um habeas data. Os principais remédios constitucionais serão vistos agora: habeas corpus, habeas data, Mandado de Segurança, Mandado de Injunção e Ação Popular.

Alguns autores ainda incluem neste grupo outras medidas como o direito de petição e direito de obter certidões, presentes no inciso XXXIV.

1. INTRODUÇÃO AOS REMÉDIOS CONSTITUCIONAIS

A Constituição Federal de 1988 consagrou uma ampla gama de direitos fundamentais para os indivíduos. Paralelamente, a fim de proteger e assegurar efetividade a esses direitos, a Constituição criou garantias fundamentais, das quais são exemplos os remédios constitucionais.

Assim, os remédios constitucionais são instrumentos colocados à disposição do indivíduo para salvaguardar seus direitos diante de ameaça ou abuso de poder por parte do Estado.

A partir de agora, passamos a tratar de cada um dos remédios constitucionais: habeas corpus, mandado de segurança, mandado de injunção, habeas data e ação popular.

Há ainda os remédios administrativos – direito de petição e direito de certidão – que são estudados no capítulo de direitos e deveres individuais e coletivos.

Antes de começarmos, vale a pena mencionar que em dois remédios constitucionais em especial (habeas corpus e mandado de segurança), as bancas gostam de cobrar as súmulas do STF sobre o assunto. Assim, ao final, de cada um desses tópicos apresentaremos as principais súmulas relacionadas a cada um deles.

2. HABEAS CORPUS

O habeas corpus é o remédio constitucional utilizado contra ilegalidade ou abuso de poder relacionado ao direito de locomoção - direito de ir, vir e permanecer (CF, art. 5º, LXVIII):

> *LXVIII - conceder-se-á "habeas-corpus" sempre que alguém sofrer ou se achar ameaçado de sofrer violência ou coação em sua liberdade de locomoção, por ilegalidade ou abuso de poder;*

Partes em um Habeas Corpus

(i) paciente: é o sujeito (pessoa física) que sofreu ou se acha ameaçado de sofrer a lesão na sua liberdade de locomoção. Jamais será paciente em um Habeas Corpus, Pessoa Jurídica.

(ii) impetrante: é a pessoa que ingressa com o habeas corpus, podendo ser qualquer pessoa, física ou jurídica, analfabeta (com alguém assinando a seu rogo), incapazes, menores, estrangeiros, Ministério Público e outros. Não pode impetrar o HC o magistrado, pois isso violaria o princípio da inércia da jurisdição. Entretanto, admite-se que o delegado de polícia impetre, como cidadão, não na condição de autoridade policial. O juiz pode, contudo, conceder a ordem de habeas corpus de ofício, ou seja, sem que haja pedido nesse sentido.

(iii) autoridade coatora: é a que causa o constrangimento ilegal de locomoção. Pode ser autoridade pública ou mesmo um particular, como diretor de escola que não autoriza a saída de aluno ou diretor de hospital que não autoriza a alta do paciente que não efetuou o pagamento das despesas hospitalares.

Tipos de Habeas Corpus:

O HC pode ainda ser:

(i) repressivo (liberatório), para reparar ofensa ocorrida ao direito de locomoção; ou seja, o indivíduo já teve desrespeitado o seu direito de livre locomoção, por cerceamento ilegal de autoridade pública ou dirigente de estabelecimento coletivo de caráter público (hospital, restaurante, instituição bancária, estabelecimento de ensino).

(ii) preventivo (salvo-conduto), para prevenir a ofensa, quando haja fundado receio de constrangimento ilegal à liberdade de locomoção, e enseja a expedição de salvo-conduto.

(iii) profilático (potencial constrangimento) para suspender atos processuais ou impugnar medidasque possam importar em prisão, tais como quebra de sigilo bancário e fiscal, quebra de sigilo telefônico, busca e apreensão etc.

(iv) suspensivo: defendido por alguns autores, naqueles casos em que já existe um constrangimento ilegal, mas a pessoa ainda não foi presa, caso em que se expede um contramando de prisão.

Ademais, o habeas corpus é cabível não só contra ofensa direta, mas também frente à ofensa indireta ao direito de locomoção. A ofensa indireta ocorre quando o ato impugnado poderá resultar em procedimento que, no final, resulte na reclusão do impetrante.

Habeas Corpus utilizado contra quebra de sigilos

Por decorrência desse último aspecto, a jurisprudência do STF considera que se trata de instrumento idôneo para impugnar a determinação de quebra dos sigilos bancário e fiscal no curso de processo criminal, desde que essa medida implique ofensa indireta, potencial ou reflexa ao direito de locomoção.

Ou seja, se aquela investigação (no curso da qual se determinou a quebra do sigilo bancário) puder resultar ulteriormente numa pena de reclusão, podemos impugnar essa medida por meio de habeas corpus. Não é o caso de uma quebra de sigilo bancário no curso de um processo que resultará apenas em pena de multa (ou perda de direitos políticos).

Habeas Corpus para trancamento da Ação Penal

Segundo o STF, o Habeas Corpus pode ainda ser utilizado para buscar o trancamento de ação penal, quando indiscutível a ausência de justa causa ou flagrante ilegalidade demonstrada em prova pré-constituída. É possível a concessão de habeas corpus para a extinção de ação penalsempre que se constatar ou imputação de fato atípico, ou inexistência de qualquer elemento que demonstre a autoria do delito, ou extinção da punibilidade (HC 91.464, rel. min. Cezar Peluso, j. 2-3-2010).

Habeas Corpus não possuir formalidades

O habeas corpus é ação de natureza penal e, devido à relevância do direito protegido (liberdade de locomoção), não se exige formalidades para a impetração dessa ação. Assim, um menor de idade pode redigir um habeas corpus numa folha de caderno com desenho do Homem-Aranha? Pode, e a petição será recebida como tal pelo Poder Judiciário. Já aconteceu de Habeas Corpus impetrado em folha de papel higiênico.

MONTAGEM/STJ/ISTOCK

Habeas Corpus não necessita de Advogado

Assim, é universal a legitimação ativa do habeas corpus. Qualquer pessoa poderá impetrar essa ação, sem que seja exigido advogado ou alguma forma pré-definida (pode ser menor, analfabeto, estrangeiro ou mesmo terceiro). Ademais, deve-se destacar que se trata de ação de natureza penal, de rito especial e gratuita, isenta de custas.

Habeas Corpus contra autoridades públicas e particulares

Ademais, o habeas corpus pode ser impetrado tanto contra ato de autoridade pública, quanto contra ato de particular, para fazer cessar uma coação ilegal (por exemplo, admite-se a impetração de HC contra um hospital que esteja ferindo o direito de locomoção de um paciente).

Habeas Corpus e Prisão Militar por punição disciplinar militar

Vale comentar outra jurisprudência do STF relevante. De acordo com a Constituição não caberá 'habeas-corpus' em relação a punições disciplinares militares (CF, art. 142, § 2º). Entretanto, segundo o STF, isso vale para o mérito da punição militar, não contra os pressupostos de sua legalidade, contra os quais poderá ser interposto o HC, no qual poderá ser aferida a ocorrência dos quatro pressupostos de legalidade dessas transgressões (a hierarquia, o poder disciplinar, o ato ligado à função e a pena susceptível de ser aplicada disciplinarmente)(RHC 88.543, rel. min. Ricardo Lewandowski, julg. em 3/4/2007, 1ª Turma).

Principais Súmulas do Supremo Tribunal Federal relacionadas ao Habeas Corpus

Bem, como têm sido cobradas diversas questões sobre Enunciados de Súmulas do STF, seguem abaixo algumas que entendo serem importantes você saber:

Súmula 395 - Não se conhece de recurso de habeas corpus cujo objeto seja resolver sobre o ônus das custas, por não estar mais em causa a liberdade de locomoção.

Súmula 606 - Não cabe habeas corpus originário para o Tribunal Pleno de decisão de turma, ou do plenário, proferida em habeas corpus ou no respectivo recurso.

Súmula 691 – Não compete ao Supremo Tribunal Federal conhecer de habeas corpus impetrado contra decisão do Relator que, em habeas corpus requerido a tribunal superior, indefere a liminar. É a inadmissibilidade de impetração sucessiva de HC, sem o julgamento de mérito do writ anteriormente impetrado. Tal entendimento jurisprudencial sumular comporta abrandamento pelo STF, quando de logo avulta que o cerceio à liberdade de locomoção do paciente decorre de ilegalidade ou abuso de poder.

Súmula 692 - Não se conhece de habeas corpus contra omissão de relator de extradição, se fundado em fato ou direito estrangeiro cuja prova não constava dos autos, nem foi ele provocado a respeito.

Súmula 693 - Não cabe habeas corpus contra decisão condenatória a pena de multa, ou relativo a processo em curso por infração penal a que a pena pecuniária seja a única cominada.

Súmula 694 – Não cabe habeas corpus contra a imposição da pena de exclusão de militar ou de perda de patente ou de função pública (cargo público).

Súmula 695 – Não cabe habeas corpus quando já extinta a pena privativa de liberdade.

3. MANDADO DE SEGURANÇA COLETIVO E INDIVIDUAL

Mandado de Segurança Individual

Bem, o mandado de segurança será concedido para proteger direito líquido e certo, não amparado por habeas corpus ou habeas data, sempre que, ilegalmente ou com abuso de poder, qualquer pessoa física ou jurídica sofrer violação (por ação ou por omissão) ou houver justo receio de sofrê-la por parte de autoridade, seja de que categoria for e sejam quais forem as funções que exerça.

Rezam os incisos LXIX e LXX do art. 5º da Constituição:

> *LXIX - conceder-se-á mandado de segurança para proteger direito líquido e certo, não amparado por "habeas-corpus" ou "habeas-data", quando o responsável pela ilegalidade ou abuso de poder for autoridade pública ou agente de pessoa jurídica no exercício de atribuições do Poder Público;*
>
> *LXX - o mandado de segurança coletivo pode ser impetrado por:*
>
>> *a) partido político com representação no Congresso Nacional;*
>>
>> *b) organização sindical, entidade de classe ou associação legalmente constituída e em funcionamento há pelo menos um ano, em defesa dos interesses de seus membros ou associados;*

Características do Mandado de segurança

Portanto, de acordo com essa definição:

> I) tem natureza subsidiária, na medida em que é cabível apenas quando o direito não tiver amparado por outros remédios constitucionais;

II) o mandado de segurança pode ser repressivo (caso sofra violação) ou preventivo (caso haja apenas receio ou ameaça de violação);

III) são legitimadas a impetrar o mandado de segurança tanto pessoas físicas como jurídicas, nacionais ou estrangeiras, independentemente de residirem no Brasil ou no exterior; todos os que tenham prerrogativa ou direito próprio a defender podem se utilizar da via do mandamus, aí incluídos pessoas físicas, jurídicas, espólio, massa falida, condomínio até mesmo órgãos públicos despersonalizados, de estatura constitucional (Mesas do Congresso Nacional, Tribunal de Contas da União, Chefe do Poder Executivo), podem impetrar essa ação, em defesa de suas prerrogativas e atribuições.

Conceito de Direito Líquido e Certo

Os atributos de certeza e liquidez referem-se à matéria de fato, e não à matéria de direito. Significa dizer que o direito deve resultar de fato certo, com prova inequívoca, prova documental. Assim, não há óbice para se impetrar mandado de segurança em assuntos juridicamente controvertidos, desde que haja prova material a suportar a pretensão do autor do mandamus. Vale a pena reproduzir a lição de Hely Lopes Meirelles, Arnold Wald e Gilmar Ferreira Mendes (Mandado de segurança e ações constitucionais. 22 ed. São Paulo: Malheiros, 2009. p. 34), largamente citada pelo STF:

Direito líquido e certo é o que se apresenta manifesta na sua existência, delimitado na sua extensão e apto a ser exercitado no momento da impetração. Por outras palavras, o direito invocado, para ser amparável por mandado de segurança, há de vir expresso em norma legal e trazer em si todos os requisitos e condições de sua aplicação ao impetrante: se sua existência for duvidosa, se sua extensão ainda não estiver delimitada; se seu exercício depender de situações e fato ainda indeterminados, não rende ensejo à segurança, embora possa ser defendido por outros meio judiciais.

Mandado de Segurança não possui audiências ou instrução

Aliás, importante jurisprudência do Supremo: o mandado de segurança não abre margem a dilação probatória. Os fatos articulados na inicial devem vir demonstrados mediante os documentos próprios, viabilizando-se requisição quando se encontrarem em setor público (RMS 26.744, rel. min. Marco Aurélio, julg em 13/10/2009).

Cabimento de Mandado de Segurança contra instituições privadas que exercem atividades do poder público por delegação

Com relação às pessoas jurídicas de direito privado, conforme leciona Maria Sylvia Zanella Di Pietro (DI PIETRO, Maria Zylvia Zanella. Direito Administrativo. 27ª ed. São Paulo: Atlas, 2014, p. 861-862) cabe mandado de segurança quando estes atuem por delegação e nos limites da delegação, não cabendo o MS quando exerçam atividades não vinculadas com a delegação.

Além disso, se exercerem atividades meramente autorizadas, com base no poder de polícia do Estado, que não se inserem entre as atividades próprias do Poder Público, também não cabe a impetração do writ, como ocorre com os serviços de táxi, hospitais particulares, bancos, companhias de seguro, serviços de "Uber" regulamentados etc.

Mandado de segurança contra ato de Agente Delegante

No âmbito da Administração Pública, o assunto ficou assentado na Súmula 510/STF, quanto à possibilidade de impetração do mandamus contra autoridade exercendo função delegada:

Súmula 510/STF: Praticado o ato por autoridade, no exercício de competência delegada, contra ela cabe o mandado de segurança ou medida judicial.

Prazo para impetrar Mandado de Segurança

O prazo decadencial do mandamus (mandado de seurança) encontra-se no art. 23 da Lei:

> Art. 23. O direito de requerer mandado de segurança extinguir-se-á decorridos 120 (cento e vinte) dias, contados da ciência, pelo interessado, do ato impugnado.

Mandado de Segurança Coletivo

Art. 5º............

LXX - o mandado de segurança coletivo pode ser impetrado por:

> a) partido político com representação no Congresso Nacional;
>
> b) organização sindical, entidade de classe ou associação legalmente constituída e em funcionamento há pelo menos um ano, em defesa dos interesses de seus membros ou associados;

4. MANDADO DE INJUNÇÃO COLETIVO E INDIVIDUAL

De acordo com o inciso LXXI do art. 5° da CF/88:

> *LXXI - conceder-se-á mandado de injunção sempre que a falta de norma regulamentadora torne inviável o exercício dos direitos e liberdades constitucionais e das prerrogativas inerentes à nacionalidade, à soberania e à cidadania.*

Ou seja, se um indivíduo perceber que omissão governamental está inviabilizando o exercício de seus direitos e liberdades constitucionais e das prerrogativas inerentes à nacionalidade, à soberania e à cidadania poderá utilizar-se do mandado de injunção.

Queremos que você entenda que o constituinte de 1988 criou essa figura como forma de dar efetividade ao texto constitucional.

Afinal de contas, não adianta criar um direito e não viabilizá-lo posteriormente por omissão legislativa, não é verdade? Portanto, trata-se de um remédio para ser utilizado quando a norma constitucional for de eficácia limitada.

Classificação das Normas Constitucionais conforme a eficácia

Você se lembra dos conceitos de eficácia das normas constitucionais não lembra? Vamos revisá-los ligeiramente:

As normas de eficácia plena são aquelas que já estão aptas para produzirem os seus plenos efeitos com a simples entrada em vigor da Constituição, independentemente de regulamentação por lei.

As normas de eficácia contida, restringida ou restringível também estão aptas para a produção de seus plenos efeitos com a simples promulgação da Constituição, mas podem ser restringidas. Promulgada a Constituição, aquele direito (nelas previsto) é imediatamente exercitável, mas esse exercício poderá ser restringido no futuro.

As normas de eficácia limitada são aquelas que só produzem seus plenos efeitos depois da exigida regulamentação. Elas asseguram determinado direito, mas esse direito não poderá ser exercido enquanto não for regulamentado pelo legislador ordinário. Enquanto não expedida a regulamentação, o exercício do direito permanece impedido.

Pois bem. É importante você ter em mente que esse é um remédio constitucional para ser utilizado no sentido de viabilizar o exercício de direito previsto na Constituição Federal, mas carente de regulamentação.

Agora, se o direito estiver previsto não na Constituição Federal mas em norma infraconstitucional (lei, medida provisória, tratado internacional com força de lei etc.) não cabe o mandado de injunção.

Assim, veja quais são pressupostos de cabimento do mandado de injunção:

I - falta de norma regulamentadora de eficácia limitada definidora de princípio programático (normas programáticas);

II - falta de norma regulamentadora de normas constitucionais definidoras de princípios institutivos ou organizativos, de natureza mandatória ou impositiva;

III – inviabilização do exercício de um direito ou liberdade constitucional;

IV – o transcurso deprazo razoável para a elaboração da norma.

Mandado de Injunção e a corrente concretista

A partir de 2007, o STF passou a adotar, em alguns casos, a corrente concretista no mandado de injunção, em que a própria decisão é capaz de viabilizar o exercício do direito e afastar a lesividade da inércia do legislador, indicando a norma ou mesmo criando a norma que dará concretude ao comando constitucional.

Por exemplo, em sede de três mandados de injunção (MI 670, 708 e 712), nos quais se discutia o direito de greve do servidor público, o STF firmou entendimento de que, até que seja elaborada a lei específica reclamada pela Constituição (art. 37, VII), os servidores poderão exercer o direito de greve, obedecendo-se ao regramento da lei de greve do setor privado (Lei nº 7.783/1989), adotando, portanto, a teoria concretista-individual para o caso.

Características do Mandado de Injunção

São as mesmas do mandado de segurança:

- Precisa de advogado

- Não é gratuito

- Possui formalidades legais

5. HABEAS DATA

O habeas data é cabível contra ato de autoridade pública ou de agente de pessoa privada que possua registros ou banco de dados de caráter público relativos a informações da pessoa do impetrante (CF, art. 5º, LXXII):

Art. 5º......

LXXII - conceder-se-á habeas data:

a) para assegurar o conhecimento de informações relativas à pessoa do impetrante, constantes de registros ou bancos de dados de entidades governamentais ou de caráter público;

b) para a retificação de dados, quando não se prefira fazê-lo por processo sigiloso, judicial ou administrativo;

Será concedido, portanto, para:

(i) o conhecimento de informações;

(ii) a retificação de dados; ou

Prévia negativa administrativa em fornecer a informação

Detalhe importante sobre o habeas data. A jurisprudência do STF firmou-se no sentido de que, para a impetração do habeas data, é imprescindível a comprovação de prévia negativa administrativa.

"A prova do anterior indeferimento do pedido de informação de dados pessoais, ou da omissão em atendê-lo, constitui requisito indispensável para que se concretize o interesse de agir no habeas data. Sem que se configure situação prévia de pretensão resistida, há carência da ação constitucional do habeas data" (HD 87 AgR rel. min. Cármen Lúcia, julg. 25/11/2009, Plenário).

Trata-se de um dos temperamentos ao princípio da inafastabilidade da tutela judicial. Os outros dois são a Justiça Desportiva e o Descumprimento de Súmula Vinculante do STF por ato administrativo, como vimos no capítulo de Direitos e Deveres Individuais e Coletivos.

Assim, só é dado ao interessado ajuizar habeas data perante o Poder Judiciário após receber uma negativa em seu pedido administrativo. Trata-se de interesse de agir do interessado.

Motivação do pedido de habeas data

No habeas data, não existe a obrigatoriedade de que o impetrante revele os motivos do requerimento ou demonstre as razões pelas quais as informações são imprescindíveis à defesa de direito seu, pois o direito de acesso às informações que lhe digam respeito lhe é garantido a despeito de motivação, uma vez que o acesso às informações da sua pessoa, que constem de bancos de dados oficiais ou de caráter público é uma vertente dos direitos de personalidade.

Prioridade no julgamento de ações de habeas data

Guarde ainda que, nos termos do artigo 19 da Lei 9.507/1997, que disciplina o rito processual desse remédio constitucional, o Habeas Data terá prioridade sobre todos os demais atos judiciais, sejam criminais, cíveis ou administrativos, devendo ser processado e julgado anteriormente a todos eles, exceto o habeas corpus e o mandado de segurança.

A prioridade de processamento e julgamento, portanto, fica assim:

1º: habeas corpus;

2º: mandado de segurança;

3º: habeas data;

4º: mandado de injunção.

6. AÇÃO POPULAR

A ação popular é outro tipo de remédio constitucional, previsto para anular ato lesivo ao patrimônio público ou de entidade de que o Estado participe, à moralidade administrativa, ao meio ambiente e ao patrimônio histórico e cultural.

Nos termos do art. 5°, LXXIII da CF/88:

> *LXXIII - qualquer cidadão é parte legítima para propor ação popular que vise a anular ato lesivo ao patrimônio público ou de entidade de que o Estado participe, à moralidade administrativa, ao meio ambiente e ao patrimônio histórico e cultural, ficando o autor, salvo comprovada má-fé, isento de custas judiciais e do ônus da sucumbência.*

É de se observar que a ação popular:

- destina-se à defesa de direitos coletivos;

- é remédio constitucional colocado à disposição de qualquer cidadão, como forma de controle da administração pública;

- é ação gratuita e de natureza cível; e

- pode ser utilizada de modo preventivo ou repressivo.

Observe que a AP é ação relacionada ao controle da Administração Pública, na medida em que se destina à fiscalização da gestão da coisa pública, em que o cidadão pode intentar a anulação de um ato lesivo ao patrimônio público, à moralidade administrativa, ao meio ambiente e ao patrimônio histórico e cultural. Assim, liga-se ao princípio republicano (prestação de contas), na medida em que o cidadão não atua na defesa de interesse próprio, mas sim da coletividade.

Ação Popular e a Defesa de Consumidores

A Ação Popular não é admissível para defesa dos consumidores, conforme assentou o Superior Tribunal de Justiça:

O autor popular não pode manejar esse controle da legalidade dos atos do Poder Público para defesa dos consumidores, porquanto instrumento flagrantemente inadequado mercê de evidente ilegitimatio ad causam (art. 1º, da Lei 4717/65 c/c art. 5º, LXXIII, da Constituição Federal) [...]. (Recurso Especial nº 851.090 - SP, Rel. Min. Luiz Fux, Julgamento em 18/12/2007)

Chama atenção o âmbito de proteção da ação popular, por ser bastante amplo: abrange tanto o patrimônio material, como o moral, o histórico, o ambiental e o cultural.

Não cabimento de ação popular contra ato jurisdicional

Ainda segundo a jurisprudência do STF, não cabe ação popular contra ato de natureza jurisdicional (decisões judiciais) ou, em outras palavras, os atos de natureza jurisdicional são imunes à ação popular (não podem ser atacados na via da ação popular).

Mas veja a sutileza do detalhe: alguns atos de magistrados poderão ser atacados por ação popular: eles também praticam atos administrativos (por exemplo, nomeação de um servidor ou realização de licitação para aquisição de novos computadores, para reforma de um prédio), e esses atos poderão ser normalmente atacados por meio de ação popular (afinal, somente os atos jurisdicionais não podem ser objeto de ação popular).

Legitimidade para impetrar Ação Popular

É importante frisar que a legitimidade para impetração da AP é exclusiva do cidadão brasileiro(no pleno gozo de seus direitos políticos), nato ou naturalizado, ou português equiparado (com igualdade de direitos), excluídos os estrangeiros, os apátridas e as pessoas jurídicas (Súmula 365/STF).

Quanto à condição de eleitor, o Supremo Tribunal Federal já assentou que "o sujeito ativo da ação [popular] será sempre o cidadão - pessoa física no gozo de seus direitos políticos -, isto é, o eleitor". (ACO 224, Relator Ministro Gilmar Mendes, decisão monocrática, julgamento em 24.8.2005), com fundamento no art. 1º, § 3º, da Lei da Ação Popular (Lei 4.717/1965):

Art. 1º............

§ 3º A prova da cidadania, para ingresso em juízo, será feita com o título eleitoral, ou com documento que a ele corresponda.

O documento que corresponda ao título eleitoral poderá ser o último comprovante de votação.

Tópicos importantes sobre Ação Popular retirados de várias questões de concursos públicos

Agora guarde mais alguns entendimentos do Supremo acerca da ação popular:

I - O autor da ação popular não pode ele ser condenado nos ônus das custas e da sucumbência, a não ser quando há comprovação de má-fé por parte do autor da ação;

II - A ação popular é ação de natureza cível. Assim, não é alcançada pela competência do foro especial por prerrogativa de função perante o STF ou outro tribunal cujo foro privilegiado é conferido pela Constituição para ilícitos penais. Isso vale para todas as ações de natureza civil, como improbidade administrativa, ação civil pública, ação de alimentos e outras. Assim, o juízo competente para o julgamento de ação popular contra ato de qualquer autoridade é o juízo comum de primeiro grau;

III - O mandado de segurança não substitui a ação popular (Súmula 101/STF);

IV - Pessoa jurídica não tem legitimidade para propor ação popular (Súmula 365/STF);

V - A decisão proferida em ação popular é desprovida de força vinculante. Assim, os fundamentos adotados pelo STF não se estendem, de forma automática, a outros processos em que se discuta matéria similar.

VI - Necessidade de advogado: conforme reiterada jurisprudência do STF, a posse da capacidade postulatória constitui pressuposto processual subjetivo referente à parte para a propositura da Ação Popular, sendo imprescindível a representação do peticionário por advogado regularmente constituído, ou ser o próprio impetrante advogado inscrito na OAB. Para o Supremo o direito de petição não se confunde com o direito de postular em juízo (dentre outros, Rcl. 8.427/SP, rel. Min. Joaquim Barbosa, Julg. 26/6/2009, RTJ 176/100, Rel. Min. CELSO DE MELLO).

Memorex sobre a necessidade de advogado:

Não precisa de Advogado (= Prescinde de advogado)	Precisa de Advogado (Não prescinde de advogado)
Habeas Corpus, Direito de obter Certidões e Direito de Petição	Habeas data, Ação Popular, Mandado de Segurança Individual e Coletivo e Mandado de Injunção.

QUESTÕES DE DIREITO E GARANTIAS FUNDAMENTAIS

Questão 1: FUNDATEC - Ana Tec ((DPE SC)/DPE SC/2018

ASSUNTO: CARACTERÍSTICAS (DIREITOS FUNDAMENTAIS)

Segundo a doutrina majoritária, NÃO deve ser reconhecido(a.) como uma característica dos direitos fundamentais:

a) Historicidade.

b) Inalienabilidade.

c) Imprescritibilidade.

d) Irrenunciabilidade.

e) Ser absoluto.

Questão 2: VUNESP - Proc (IPSM SJC)/IPSM SJC/2018

ASSUNTO: CARACTERÍSTICAS (DIREITOS FUNDAMENTAIS)

Tendo em vista a importância dos direitos fundamentais no ordenamento jurídico brasileiro, é correto afirmar que

a) a universalidade, historicidade, inalienabilidade, imprescritibilidade, irrenunciabilidade e ilimitabilidade são características dos direitos fundamentais.

b) a dimensão objetiva diz respeito à relevância que os direitos fundamentais empregam à compreensão do ordenamento jurídico, não produzindo, tal dimensão, efeitos sobre as interpretações para a aplicação de direitos fundamentais individuais.

c) a expressão eficácia diagonal tem sido utilizada para designar a aplicação de direitos fundamentais às relações contratuais entre particulares onde há desequilíbrio fático.

d) o direito à moradia, em sua dimensão positiva, protege a moradia contra intervenções indevidas do Estado e de outros indivíduos.

e) a inelegibilidade em razão do parentesco é de natureza subjetiva, podendo ser afastada quando concretamente comprovada a ausência de vínculo entre os indivíduos.

Questão 3: CESPE - AJ STJ/STJ/Administrativa/2018

ASSUNTO: CARACTERÍSTICAS (DIREITOS FUNDAMENTAIS)

A respeito dos direitos e garantias fundamentais, julgue o item que se segue, tendo como referência a jurisprudência do Supremo Tribunal Federal.

O rol dos direitos fundamentais previsto na Constituição Federal de 1988 é taxativo, isto é, o Brasil adota um sistema fechado de direitos fundamentais.

( ) Certo

( ) Errado

Questão 4: FGV - AJ (TJ AL)/TJ AL/Oficial de Justiça Avaliador/2018

ASSUNTO: CARACTERÍSTICAS (DIREITOS FUNDAMENTAIS)

O Presidente da República celebrou tratado internacional no qual os Estados celebrantes se comprometiam a oferecer condições adequadas, no ambiente prisional, às mulheres grávidas que se encontrassem presas. Esse tratado foi

aprovado pelas Casas do Congresso Nacional e regularmente promulgado na ordem jurídica interna.

À luz da sistemática constitucional, o tratado internacional assim aprovado é equivalente:

a) ao ato infralegal, pois a sua promulgação na ordem interna se dá por meio de decreto;

b) à lei ordinária, pois todo tratado internacional possui essa natureza jurídica;

c) ao ato nulo, pois somente o Senado Federal possui competência para aprovar tratado internacional;

d) à emenda constitucional, desde que aprovado em dois turnos, por três quintos dos votos dos membros das Casas;

e) à lei complementar, desde que aprovado pela maioria absoluta dos membros das Casas.

Questão 5: FAURGS - AJ (TJ RS)/TJ RS/Judiciária/Ciências Jurídicas e Sociais/2017

ASSUNTO: CARACTERÍSTICAS (DIREITOS FUNDAMENTAIS)

Segundo a Constituição Federal, as normas definidoras dos direitos e garantias fundamentais têm aplicação

a) após regulamentação legal.

b) imediata.

c) após ratificação por tratado internacional.

d) definida pela vacatio legis.

e) imediatamente após terem sido reconhecidas pelo Supremo Tribunal Federal.

Questão 6:

ASSUNTO: CARACTERÍSTICAS (DIREITOS FUNDAMENTAIS)

Os direitos fundamentais são prerrogativas conferidas ao povo brasileiro pela Constituição Federal de 1988, contudo não há um só direito que seja absoluto no texto constitucional.

( ) CERTO

( ) ERRADO

Questão 7: Com. Exam. (TRT 2) - JT TRT2/TRT 2/2016

ASSUNTO: CARACTERÍSTICAS (DIREITOS FUNDAMENTAIS)

Considerando os direitos e garantias constitucionais assinale a alternativa INCORRETA:

a) Os direitos e garantias fundamentais podem ser suprimidos por meio de emendas constitucionais.

b) Os direitos fundamentais não se esgotam na Carta Magna, podendo ocorrer a inclusão de outros decorrentes dos regimes e princípios por ela adotados ou de tratados internacionais desde que a Republica do Brasil seja parte.

c) A garantia do juiz natural e a proibição do juízo de exceção, a garantia do contraditório e ampla defesa, a inadmissibilidade das provas obtidas por meios ilícitos e a motivação obrigatória das decisões judiciais são direitos específicos do processo.

d) Os direitos da personalidade são direitos inerentes e essenciais à pessoa humana decorrentes de sua dignidade, não sendo as pessoas jurídicas titulares de tais direitos, salvo aqueles que se conectem com a execução da sua atividade institucional.

e) Todas as pessoas têm o direito de não serem discriminadas por razões de sexo, raça, religião, ou até mesmo por suas ideias.

Questão 8: FUNCAB - Del Pol (PC RJ)/PC RJ/2012

ASSUNTO: CARACTERÍSTICAS (DIREITOS FUNDAMENTAIS)

Assinale, dentre as opções abaixo, aquela que indica uma característica INCORRETA dos direitos e garantias tidos como fundamentais previstos na Constituição da República:

a) Históricos.

b) Cumuláveis ou concorrentes.

c) Inalienáveis.

d) Absolutos.

e) Irrenunciáveis.

Questão 9: UEG - Proc Jur (CM Itumb)/CM Itumbiara/2016

ASSUNTO: CARACTERÍSTICAS (DIREITOS FUNDAMENTAIS)

Sobre a abrangência dos Direitos e Garantias Fundamentais, tem-se o seguinte:

a) Conforme entendimento doutrinário, corroborado pelo STF, os direitos e deveres individuais e coletivos se restringem ao art. 5º da Constituição Federal de 1988.

b) O tema da eficácia horizontal dos direitos fundamentais, também denominado pela doutrina como eficácia pública ou interna dos direitos fundamentais, surge como importante contraponto à ideia de eficácia vertical dos direitos fundamentais.

c) A Teoria da Eficácia Indireta ou Mediata da aplicação dos direitos fundamentais às relações privadas orienta que alguns direitos fundamentais podem ser aplicados às relações privadas sem que haja a necessidade de intermediação legislativa para sua concretização.

d) O art. 5°, caput, da Constituição Federal, estabelece que todos são iguais perante a lei, garantindo-se aos brasileiros e aos estrangeiros residentes no país a vida, a liberdade, a segurança e a propriedade. Logo, os estrangeiros, de passagem pelo território nacional, não podem fazer uso dos remédios constitucionais.

e) Os direitos fundamentais não são absolutos, havendo, muitas vezes, no caso concreto, confronto, conflito de interesses. Nesses casos a solução ou vem discriminada na própria Constituição, ou caberá ao intérprete, que deverá levar em consideração a regra da máxima observância dos direitos fundamentais envolvidos, conjugando-a com a sua mínima restrição.

Questão 10: IDECAN - Tec NS (Leopoldina)/Pref Leopoldina/Advogado/2016

ASSUNTO: CARACTERÍSTICAS (DIREITOS FUNDAMENTAIS)

Quanto aos direitos e garantias fundamentais, é correto afirmar que:

a) O Brasil não se submete à jurisdição de Tribunal Penal Internacional.

b) As normas definidoras dos direitos e garantias fundamentais têm aplicação imediata.

c) Os direitos e garantias expressos na Constituição excluem outros decorrentes de norma legal.

d) Os tratados e convenções internacionais sobre direitos humanos equivalem à medida provisória.

Questão 11: CESPE - TJ TRT7/TRT 7/Administrativa/2017

ASSUNTO: GERAÇÕES DE DIREITOS FUNDAMENTAIS

Quanto à geração ou à dimensão dos direitos fundamentais, os direitos sociais são considerados de

a) quarta geração ou dimensão.

b) primeira geração ou dimensão.

c) segunda geração ou dimensão.

d) terceira geração ou dimensão.

Questão 12: FCC - TJ TRT23/TRT 23/Administrativa/2016

ASSUNTO: GERAÇÕES DE DIREITOS FUNDAMENTAIS

Os chamados direitos de primeira geração (ou dimensão) surgiram no século XVIII, como consequência do modelo de Estado Liberal. São exemplos de direitos de primeira geração ou dimensão:

a) direito à vida e direito à saúde.

b) direito à liberdade e direito à propriedade.

c) direito à igualdade e direito à cultura.

d) direito ao lazer e direito à moradia.

e) direito à saúde e direito ao meio ambiente saudável.

Questão 13: CESPE - Deleg (PC BA)/PC BA/2013

ASSUNTO: DOS DIREITOS E DEVERES INDIVIDUAIS E COLETIVOS (ART. 5º DA CF/1988)

Em relação aos direitos e deveres fundamentais expressos na Constituição Federal de 1988 (CF), julgue o item subsecutivo.

A proteção do direito à vida tem como consequência a proibição da pena de morte em qualquer situação, da prática de tortura e da eutanásia.

( ) Certo

( ) Errado

Questão 14: Instituto AOCP - Ag (ITEP RN)/ITEP RN/Necrópsia/2018

ASSUNTO: DOS DIREITOS E DEVERES INDIVIDUAIS E COLETIVOS (ART. 5º DA CF/1988)

O artigo 5º da Constituição Federal enumera alguns direitos individuais que devem ser preservados tanto pelo Estado como por particulares.

Assinale a alternativa que apresenta um direito constitucionalmente previsto no referido artigo.

a) É livre a manifestação do pensamento, permitido o anonimato.

b) É plena a liberdade de associação para fins lícitos, inclusive a de caráter paramilitar.

c) É livre o exercício de qualquer trabalho, ofício ou profissão, independentemente das qualificações profissionais que a lei estabelecer.

d) Haverá juízo ou tribunal de exceção.

e) A casa é asilo inviolável do indivíduo, ninguém nela podendo penetrar sem consentimento do morador, salvo em caso de flagrante delito ou desastre, ou para prestar socorro, ou, durante o dia, por determinação judicial.

Questão 15: FGV - AnaLM (CM Salvador)/CM Salvador/ Tramitação/2018

ASSUNTO: DOS DIREITOS E DEVERES INDIVIDUAIS E COLETIVOS (ART. 5º DA CF/1988)

Maria reuniu todos os documentos exigidos para se matricular em uma escola estadual do seu bairro. Para sua surpresa, o requerimento foi indeferido sem qualquer fundamentação. Considerando a manifesta ilegalidade do ato, bem como porque todos os elementos constitutivos do seu direito decorriam da prova documental, Maria procurou um advogado e solicitou o ajuizamento da medida judicial cabível.

À luz da sistemática constitucional, essa medida é:

a) habeas corpus;

b) mandado de segurança;

c) mandado de injunção;

d) habeas data;

e) pedido de suspensão.

Questão 16: AOCP - Cad (PM TO)/PM TO/2018

ASSUNTO: DOS DIREITOS E DEVERES INDIVIDUAIS E COLETIVOS (ART. 5º DA CF/1988)

A Constituição Federal, no capítulo de direitos e garantias fundamentais, traz diversas normas de caráter penal. Em relação a esse tema, assinale a alternativa correta.

a) É permitida pena de trabalho forçado para fins de remição da pena, desde que a empresa envie uma explicação ao Ministério do Trabalho.

b) Às presidiárias serão asseguradas condições para que possam permanecer com seus filhos durante o período mínimo de 01 (um) ano.

c) Será concedida extradição de estrangeiro por crime político.

d) São admissíveis, no processo, as provas obtidas por meios ilícitos.

e) Nenhuma pena passará da pessoa do condenado, podendo a obrigação de reparar o dano e a decretação do perdimento de bens ser, nos termos da lei, estendidas aos sucessores e contra eles executadas, até o limite do valor do patrimônio transferido.

Questão 17: FCC - AJ TRT6/TRT 6/Judiciária/Oficial de Justiça Avaliador Federal/2018

ASSUNTO: DOS DIREITOS E DEVERES INDIVIDUAIS E COLETIVOS (ART. 5º DA CF/1988)

Acerca do que dispõe a Constituição Federal sobre os direitos e deveres individuais e coletivos:

a) A pequena propriedade rural, assim definida em lei, desde que trabalhada pela família, poderá ser objeto de penhora para pagamento de débitos decorrentes de sua atividade produtiva, mas não de desapropriação.

b) A lei estabelecerá o procedimento para desapropriação por necessidade ou utilidade pública, ou por interesse social, mediante justa e prévia indenização com pagamento mediante títulos da dívida pública de emissão previamente aprovada pelo Congresso Nacional.

c) Todos têm direito a receber dos órgãos públicos informações de seu interesse particular, ou de interesse coletivo ou geral, que serão prestadas no prazo da lei, sob pena de responsabilidade, ressalvadas aquelas cujo sigilo seja imprescindível à segurança da sociedade e do Estado.

d) A lei assegurará aos autores de inventos industriais privilégio perpétuo de sua utilização, bem como proteção às criações industriais, à propriedade das marcas, aos nomes de empresas e a outros signos distintivos, tendo em vista o interesse social e o desenvolvimento tecnológico e econômico do país.

e) No caso de iminente perigo público, a autoridade competente poderá usar de propriedade particular, assegurada ao proprietário indenização prévia, sujeita a complementação posterior, na hipótese de ocorrência de dano.

Questão 18: IBFC - Sold (PM SE)/PM SE/Combatente/2018

ASSUNTO: DOS DIREITOS E DEVERES INDIVIDUAIS E COLETIVOS (ART. 5º DA CF/1988)

A Constituição Federal da República não assegura, nos termos legais:

a) o direito de fiscalização do aproveitamento econômico das obras que criarem ou de que participarem aos criadores, aos intérpretes e às respectivas representações sindicais e associativas

b) o direito do cidadão de fiscalizar a administração pública e de aplicar sanções no exercício do poder de polícia

c) a proteção às participações individuais em obras coletivas

d) a proteção à reprodução da imagem e voz humanas, inclusive nas atividades desportivas

Questão 19: IBFC - Sold (PM SE)/PM SE/Combatente/2018

ASSUNTO: DOS DIREITOS E DEVERES INDIVIDUAIS E COLETIVOS (ART. 5º DA CF/1988)

A Constituição Federal da República não proíbe a aplicação de penas:

a) de banimento

b) perpétuas

c) de trabalhos forçados

d) de perda de bens

Questão 20: AOCP - Ass Soc (FUNPAPA)/FUNPAPA/2018

ASSUNTO: DOS DIREITOS E DEVERES INDIVIDUAIS E COLETIVOS (ART. 5º DA CF/1988)

Todos são iguais perante a lei, sem distinção de qualquer natureza, garantindo-se aos brasileiros e aos estrangeiros residentes no País a inviolabilidade do direito

a) ao trabalho remunerado, ao descanso, à seguridade social, à proteção contra enfermidades e à educação.

b) à vida, à liberdade, à igualdade, à segurança e à propriedade.

c) à liberdade, à equidade, à justiça social, à defesa intransigente dos direitos humanos.

d) a um meio ambiente equilibrado, a uma saudável qualidade de vida, ao progresso, à paz, à autodeterminação dos povos.

e) à vida, à globalização, à competição, à propriedade e à segurança.

Questão 21: FCC - Tec Leg (CL DF)/CL DF/Fotógrafo/2018

ASSUNTO: DOS DIREITOS E DEVERES INDIVIDUAIS E COLETIVOS (ART. 5º DA CF/1988)

Considerando o que dispõe a Constituição da República Federativa do Brasil acerca dos direitos e garantias fundamentais,

a) nenhum brasileiro será extraditado, salvo o naturalizado, apenas na hipótese de comprovado envolvimento em tráfico ilícito de entorpecentes e drogas afins, na forma da lei.

b) o preso será informado de seus direitos e obrigações, entre as quais a de permanecer calado, sendo-lhe assegurada a assistência da família e de advogado.

c) conceder-se-á habeas corpus sempre que alguém sofrer ou se achar ameaçado de sofrer violência ou coação em sua liberdade de locomoção, por ilegalidade ou abuso de poder, ou para proteger direito líquido e certo quando o responsável pela ilegalidade ou abuso de poder for autoridade pública ou agente de pessoa jurídica no exercício de atribuições do Poder Público.

d) ninguém será preso senão em flagrante delito ou por ordem escrita e fundamentada de autoridade judiciária competente, inclusive nos casos de crime propriamente militar.

e) nenhuma pena passará da pessoa do condenado, podendo a obrigação de reparar o dano e a decretação do perdimento de bens ser, nos termos da lei, estendidas aos sucessores e contra eles executadas, até o limite do valor do patrimônio transferido.

Questão 22: IBADE - GSSP (SEJUC SE)/SEJUC SE/2018

ASSUNTO: DOS DIREITOS E DEVERES INDIVIDUAIS E COLETIVOS (ART. 5º DA CF/1988)

Com relação às condições de tratamento do preso, a Constituição Federal prevê que:

a) em caso de transgressão disciplinar, o preso poderá ser obrigado a realizar trabalhos forçados.

b) não é assegurado aos presos o respeito à integridade física e moral.

c) os presos poderão ser privados de água e refeição caso cometam transgressões disciplinares graves.

d) às presidiárias serão asseguradas condições para que possam permanecer com seus filhos durante o período de amamentação.

e) a pena será cumprida em estabelecimentos semelhantes entre si, de acordo com a natureza do delito e a quantidade de pena a que o preso foi condenado.

Questão 23: VUNESP - Ass Adm I (UNESP)/UNESP/Campus Itapeva/2017

ASSUNTO: DOS DIREITOS E DEVERES INDIVIDUAIS E COLETIVOS (ART. 5º DA CF/1988)

Ressalvados os casos previstos na Constituição Federal, a lei estabelecerá o procedimento para desapropriação por necessidade ou utilidade pública, ou por interesse social, mediante

a) títulos da dívida pública.

b) justa e prévia indenização em dinheiro.

c) títulos da dívida agrária.

d) precatórios judiciais.

e) ordens de pagamento do Tesouro.

Questão 24: FCC - Esp RT (ARTESP)/ARTESP/Direito/I/2017

ASSUNTO: DOS DIREITOS E DEVERES INDIVIDUAIS E COLETIVOS (ART. 5º DA CF/1988)

O direito de propriedade é garantido pela Constituição Federal, de forma que para a construção de uma rodovia, determinado Estado da Federação

a) depende, para realização da obra, da concordância dos proprietários das áreas cujo traçado sobreporá.

b) precisa adquirir as áreas, em razão do direito de propriedade constar do rol de direitos individuais, desde que pelo valor determinado pelos proprietários.

c) depende de autorização do Poder Judiciário para aquisição das áreas, o que, se deferido, viabilizará a compra das áreas ou a desapropriação das mesmas.

d) pode exigir as propriedades dos particulares somente se estiverem descumprindo sua função social.

e) pode lançar mão da desapropriação, mediante justa e prévia indenização aos proprietários, direito que também consta do rol de direitos individuais.

Questão 25: FCC - Esp RT (ARTESP)/ARTESP/Direito/III/2017

ASSUNTO: DOS DIREITOS E DEVERES INDIVIDUAIS E COLETIVOS (ART. 5º DA CF/1988)

O artigo 5º, inciso XXXVI, garante aos cidadãos que a lei não prejudicará o direito adquirido, o ato jurídico perfeito e a coisa julgada. A exegese dada à garantia do direito adquirido

a) considera como momento de consolidação do direito adquirido a data da promulgação da norma que veiculou as condições para aquisição, de forma que desde essa data não pode haver alteração.

b) pondera o direito adquirido com os demais direitos e garantias individuais, bem como com as competências atribuídas aos entes federados para identificação das políticas e necessidades públicas, a fim de formular juízo de prevalência de interesses, prevalecendo aquele que melhor atenda ao interesse público.

c) reputa o direito adquirido como matéria de direito infraconstitucional, não obstante seu status formal constitucional, na medida em que a solução da questão se situa no plano da validade das normas infralegais que se colocam em conflito temporal, prevalecendo a norma posterior.

d) é concorde sobre o reconhecimento do direito adquirido dar-se no momento do preenchimento de todos os requisitos para exercício do direito tutelado, ou seja, a partir de quando seja autorizado ao interessado o recebimento ou gozo do direito tutelado.

e) entende que o direito adquirido assemelha-se ao ato jurídico perfeito, pois o primeiro é consolidado com a promulgação da lei que concede o benefício e o segundo se aperfeiçoa com a realização do ato, não havendo necessidade de providências ou atos posteriores.

Questão 26: PUC PR - Ana Jud (TJ PR)/TJ PR/Psicologia/2017

ASSUNTO: DOS DIREITOS E DEVERES INDIVIDUAIS E COLETIVOS (ART. 5º DA CF/1988)

Sobre os Direitos Fundamentais previstos na Constituição Federal de 1988, leia as assertivas a seguir e, depois, assinale a alternativa CORRETA.

I. A lei só poderá restringir a publicidade dos atos processuais quando a defesa da intimidade ou o interesse social o exigirem.

II. É assegurado a todos o acesso à informação e resguardado o sigilo da fonte quando necessário ao exercício profissional.

III. É livre a manifestação do pensamento, sendo vedado o anonimato.

IV. Todos têm direito a receber dos órgãos públicos informações de seu interesse particular, ou de interesse coletivo ou geral, que serão prestadas no prazo da lei, sob pena de responsabilidade, ressalvadas aquelas cujo sigilo seja imprescindível à segurança da sociedade e do Estado.

a) Apenas as assertivas I, II e IV estão corretas.

b) Apenas as assertivas II e IV estão corretas.

c) Todas as assertivas estão corretas.

d) Apenas as assertivas II, III e IV estão corretas.

e) Apenas as assertivas I e III estão corretas.

Questão 27: CESPE - Of (CBM AL)/CBM AL/Combatente/2017

ASSUNTO: DOS DIREITOS E DEVERES INDIVIDUAIS E COLETIVOS (ART. 5º DA CF/1988)

Acerca dos direitos e das garantias fundamentais previstos na Constituição Federal de 1988 (CF), julgue o item a seguir.

No Estado brasileiro, é plena a liberdade de associação de seus cidadãos, desde que para fins lícitos, sendo expressamente vedado qualquer tipo de associação de caráter paramilitar.

( ) Certo

( ) Errado

Questão 28: CONSULPLAN - Of Jud (TJ MG)/TJ MG/Comissário da Infância e da Juventude/2017

ASSUNTO: DOS DIREITOS E DEVERES INDIVIDUAIS E COLETIVOS (ART. 5º DA CF/1988)

Considerando o previsto na Constituição Federal, assinale a alternativa INCORRETA:

a) A casa é asilo inviolável do indivíduo, ninguém nela podendo penetrar sem consentimento do morador, salvo em caso de flagrante delito ou desastre, ou para prestar socorro, ou, durante a noite, por determinação judicial.

b) A obtenção de certidões em repartições públicas, para defesa de direitos e esclarecimento de situações de interesse pessoal, é assegurada a todos, independentemente do pagamento de taxas.

c) O direito de greve será exercido nos termos e nos limites definidos em lei específica.

d) O prazo de validade do concurso público será de até dois anos, prorrogável uma vez, por igual período.

Questão 29: IBADE - Adv (SEJUDH MT)/SEJUDH MT/2017

ASSUNTO: DOS DIREITOS E DEVERES INDIVIDUAIS E COLETIVOS (ART. 5º DA CF/1988)

Sobre os direitos e deveres individuais e coletivos assegurados pela Constituição Federal, assinale a alternativa correta.

a) Todos podem reunir-se pacificamente, sem armas, em locais abertos ao público, desde que com autorização e não frustrem outra reunião anteriormente convocada para o mesmo local.

b) É livre a manifestação do pensamento, não se admitindo o anonimato.

c) As normas definidoras dos direitos e garantias fundamentais não têm aplicação imediata, devendo ser regulamentadas por lei complementar.

d) É livre o exercício de qualquer trabalho, ofício ou profissão, independentemente das qualificações profissionais que a lei estabelecer.

e) A expressão da atividade intelectual, artística, científica e de comunicação é livre, estando contudo sujeita à censura ou licença.

Questão 30: CEV UECE - Soc Educ (SEAS CE)/SEAS CE/2017

ASSUNTO: DOS DIREITOS E DEVERES INDIVIDUAIS E COLETIVOS (ART. 5º DA CF/1988)

Quanto aos remédios constitucionais, assinale a opção que completa, correta e respectivamente, as lacunas do seguinte dispositivo legal.

"são gratuitas as ações de _____ ^{1} e _____ ^{2}, e, na forma da lei, os atos necessários ao exercício da cidadania".

a) habeas corpus^1 — habeas data^2

b) mandados de injunção^1 — mandado de segurança^2

c) habeas data^1 — mandados de injunção^2

d) habeas corpus^1 — mandado de segurança^2

Questão 31: IDECAN - TcLg (CM Natividade)/CM Natividade (RJ)/2017

ASSUNTO: DOS DIREITOS E DEVERES INDIVIDUAIS E COLETIVOS (ART. 5º DA CF/1988)

Sobre os Direitos e Deveres Individuais e Coletivos previstos na Constituição da República Federativa do Brasil, assinale a alternativa INCORRETA.

a) No caso de iminente perigo público, a autoridade competente poderá usar de propriedade particular, assegurada ao proprietário indenização ulterior, se houver dano.

b) As associações só poderão ser compulsoriamente dissolvidas ou ter suas atividades suspensas por decisão judicial, exigindo-se, no primeiro caso, o trânsito em julgado.

c) A sucessão de bens de estrangeiros situados no país será regulada pela lei brasileira em benefício do cônjuge ou dos filhos brasileiros, sempre que não lhes seja mais favorável a lei pessoal do "de cujus".

d) A lei considerará crimes inafiançáveis e imprescritíveis a prática da tortura, o tráfico ilícito de entorpecentes e drogas afins, o terrorismo e os definidos como crimes hediondos, por eles respondendo os mandantes, os executores e os que, podendo evitá-los, se omitirem.

Questão 32: FGV - OAB UNI NAC/OAB/XIX Exame/2016

ASSUNTO: DOS DIREITOS E DEVERES INDIVIDUAIS E COLETIVOS (ART. 5º DA CF/1988)

José, internado em um hospital público para tratamento de saúde, solicita a presença de um pastor para lhe conceder

assistência religiosa. O pedido, porém, é negado pela direção do hospital, sob a alegação de que, por se tratar de instituição pública, a assistência não seria possível em face da laicidade do Estado. Inconformado, José consulta um advogado.

Após a análise da situação, o advogado esclarece, com correto embasamento constitucional, que

a) a negativa emanada pelo hospital foi correta, tendo em vista que a Constituição Federal de 1988, ao consagrar a laicidade do Estado brasileiro, rejeita a expressão religiosa em espaços públicos.

b) a direção do hospital não tem razão, pois, embora a Constituição Federal de 1988 reconheça a laicidade do Estado, a assistência religiosa é um direito garantido pela mesma ordem constitucional.

c) a correção ou incorreção da negativa da direção do hospital depende de sua consonância, ou não, com o regulamento da própria instituição, já que se está perante direito disponível.

d) a decisão sobre a possibilidade, ou não, de haver assistência religiosa em entidades públicas de saúde depende exclusivamente de comando normativo legal, já que a temática não é de estatura constitucional.

Questão 33: VUNESP - Proc (IPSMI)/IPSMI/2016

ASSUNTO: DOS DIREITOS E DEVERES INDIVIDUAIS E COLETIVOS (ART. 5º DA CF/1988)

De acordo com a Constituição Federal de 1988,

a) o direito à saúde é direito social, de segunda geração, garantido apenas aos brasileiros natos ou naturalizados.

b) a lei não poderá restringir a publicidade de atos processuais.

c) a lei considerará crimes inafiançáveis e insuscetíveis de graça ou anistia, exclusivamente, os crimes de tortura, terrorismo, racismo e homofobia.

d) é garantido o direito à herança, desde que respeitada a função social da propriedade.

e) é possível a extradição de qualquer brasileiro naturalizado em caso de crime comum, praticado antes da naturalização, ou de comprovado envolvimento em tráfico ilícito de entorpecentes e drogas afins, praticados antes ou depois da naturalização.

Questão 34: VUNESP - Ass Adm I (UNESP)/UNESP/Campus Araraquara/2016

ASSUNTO: DOS DIREITOS E DEVERES INDIVIDUAIS E COLETIVOS (ART. 5º DA CF/1988)

Segundo a Constituição Federal, a criação de associações e, na forma da lei, a de cooperativas

a) dependem de autorização do Poder Executivo.

b) são acompanhadas por uma Comissão Especial criada pelo Poder Legislativo.

c) independem de autorização, sendo vedada a interferência estatal em seu funcionamento.

d) dependem de Decreto específico do Poder Legislativo, porém é vedada qualquer interferência do Poder Executivo em seu funcionamento.

e) independem de autorização do Poder Judiciário, porém devem ter seu funcionamento fiscalizado pelo Poder Legislativo.

Questão 35: VUNESP - Proc Jur (Alumínio)/Pref Alumínio/2016

ASSUNTO: DOS DIREITOS E DEVERES INDIVIDUAIS E COLETIVOS (ART. 5º DA CF/1988)

No que se refere aos direitos e garantias individuais, é correto afirmar que constitui crime inafiançável e imprescritível a prática de

a) tráfico internacional de drogas.

b) racismo.

c) tortura.

d) crimes definidos como hediondos.

e) crimes praticados contra a Administração Pública que importem em atos de improbidade administrativa.

Questão 36: Instituto AOCP - Sold (PM CE)/PM CE/2016

ASSUNTO: DOS DIREITOS E DEVERES INDIVIDUAIS E COLETIVOS (ART. 5º DA CF/1988)

Em relação à Constituição Federal de 1988: Artigo 5º - Dos Direitos e Garantias Fundamentais -, julgue, como Certo (C) ou Errado (E), o item a seguir.

A prisão de qualquer pessoa e o local onde se encontre deverão ser comunicados ao juiz competente e à família do preso ou à pessoa por ele indicada, de imediato.

( ) Certo

( ) Errado

Questão 37: IBADE - Proc (CM SMM)/CM SMM/2016

ASSUNTO: DOS DIREITOS E DEVERES INDIVIDUAIS E COLETIVOS (ART. 5º DA CF/1988)

Indique o meio de prova que prescinde de autorização judicial para a sua produção.

a) Gravação ambiental

b) Interceptação de conversa telefônica

c) Transcrição de dados constantes de aplicativo tipo Whatsapp constante em aparelho celular apreendido

d) Interceptação de dados de telemática

e) Quebra do sigilo de dados de informática

Questão 38: IBADE - Adm (Pref RB)/Pref RB/2016

ASSUNTO: DOS DIREITOS E DEVERES INDIVIDUAIS E COLETIVOS (ART. 5º DA CF/1988)

Sempre que a falta de norma regulamentadora torne inviável o exercício dos direitos e liberdades constitucionais e das prerrogativas inerentes à nacionalidade, à soberania e à cidadania, condecer-se-á:

a) habeas corpus.

b) mandado de segurança.

c) habeas data.

d) ação direta de inconstitucionalidade.

e) mandado de injunção.

Questão 39: UFMT - CI (CM Sorriso)/CM Sorriso/2016

ASSUNTO: DOS DIREITOS E DEVERES INDIVIDUAIS E COLETIVOS (ART. 5º DA CF/1988)

De acordo com as normas constitucionais que versam sobre o direito de propriedade, assinale a assertiva INCORRETA.

a) No caso de iminente perigo público, a autoridade competente poderá usar de propriedade particular, assegurada ao proprietário prévia indenização em dinheiro.

b) O direito de propriedade não é absoluto, pois é condicionado pelo dever de cumprir a sua função social.

c) As desapropriações de imóveis urbanos edificados serão feitas com prévia e justa indenização em dinheiro.

d) A pequena propriedade rural, assim definida em lei, desde que trabalhada pela família, não será objeto de penhora para pagamento de débitos decorrentes de sua atividade produtiva.

Questão 40: CEV UECE - Proc Aut (DER CE)/DER CE/Jurídica/2016

ASSUNTO: DOS DIREITOS E DEVERES INDIVIDUAIS E COLETIVOS (ART. 5º DA CF/1988)

Na forma do texto constitucional, conceder-se-á habeas corpus

a) para proteger direito líquido e certo, não amparado por habeas corpus ou habeas data, quando o responsável pela ilegalidade ou abuso de poder for autoridade pública ou agente de pessoa jurídica no exercício de atribuições do Poder Público.

b) sempre que alguém sofrer ou se achar ameaçado de sofrer violência ou coação em sua liberdade de locomoção, por ilegalidade ou abuso de poder.

c) para assegurar o conhecimento de informações relativas à pessoa do impetrante, constantes de registros ou bancos de dados de entidades governamentais ou de caráter público.

d) para a anulação de dados, quando não se prefira fazê-lo por processo sigiloso, judicial ou administrativo.

Questão 41: CESPE - AJ STJ/STJ/Administrativa/2018

ASSUNTO: HABEAS CORPUS

A respeito dos direitos e garantias fundamentais, julgue o item que se segue, tendo como referência a jurisprudência do Supremo Tribunal Federal.

É vedado ao legislador editar lei em que se exija o pagamento de custas processuais para a impetração de habeas corpus.

( ) Certo

( ) Errado

Questão 42: CESPE - Del Pol (PC GO)/PC GO/2017

ASSUNTO: HABEAS CORPUS

Considerando a jurisprudência do STF, assinale a opção correta com relação aos remédios do direito constitucional.

a) É cabível habeas corpus contra decisão monocrática de ministro de tribunal.

b) Em habeas corpus é inadmissível a alegação do princípio da insignificância no caso de delito de lesão corporal cometido em âmbito de violência doméstica contra a mulher.

c) No mandado de segurança coletivo, o fato de haver o envolvimento de direito apenas de certa parte do quadro social afasta a legitimação da associação.

d) O prazo para impetração do mandado de segurança é de cento e vinte dias, a contar da data em que o interessado tiver conhecimento oficial do ato a ser impugnado, havendo decadência se o mandado tiver sido protocolado a tempo perante juízo incompetente.

e) O habeas corpus é o instrumento adequado para pleitear trancamento de processo de impeachment.

Questão 43: VUNESP - NeR (TJ SP)/TJ SP/Remoção/2016

ASSUNTO: MANDADO DE SEGURANÇA

Cidadão que pretende obter em repartição pública, certidão para fins de defesa em processo penal, e se vê diante de negativa do referido órgão, deverá ajuizar

a) mandado de segurança, para defesa de seu direito fundamental a obter certidões em repartições públicas para defesa de direitos e esclarecimento de situação de interesse pessoal.

b) habeas data, remédio constitucional previsto para conhecimento de informações relativas à pessoa do impetrante, constantes de registros ou bancos de dados de entidades governamentais ou de caráter público.

c) habeas corpus, já que por se destinar a certidão a surtir efeito em processo penal, poderá eclodir violação à liberdade de locomoção por ilegalidade.

d) mandado de injunção, pois se cuida de omissão que torna inviável o exercício do direito à ampla defesa.

Questão 44: VUNESP - Proc Jur(CM Marília)/CM Marília/2016

ASSUNTO: MANDADO DE SEGURANÇA

Assinale a alternativa que corretamente discorre sobre aspectos do mandado de segurança, previsto como remédio constitucional na Constituição Federal de 1988.

a) No exercício de competência delegada, o mandado de segurança deve ser impetrado contra a autoridade delegante.

b) Pedido de reconsideração na via administrativa não interrompe o prazo para o mandado de segurança.

c) A entidade de classe não tem legitimação para o mandado de segurança quando a pretensão veiculada interesse apenas a uma parte da respectiva categoria.

d) Cabe mandado de segurança contra decisão judicial com trânsito em julgado ou passível de correição.

e) O mandado de segurança, em determinados casos excepcionais, substitui a ação popular.

Questão 45: FCC - AJ TRT21/TRT 21/Judiciária/2017

ASSUNTO: MANDADO DE INJUNÇÃO

À luz da disciplina normativa e jurisprudência do Supremo Tribunal Federal acerca das ações constitucionais destinadas à tutela de direitos fundamentais,

a) a decisão proferida em mandado de injunção terá eficácia erga omnes, podendo, no entanto, excepcionalmente, ter sua eficácia subjetiva limitada às partes, quando restar comprovado que a eficácia erga omnes causaria grave lesão à ordem, economia e segurança públicas.

b) não cabe mandado de segurança contra nenhuma espécie de lei, mas tão somente em face de ilegalidade ou abuso de poder, como previsto na Constituição, evidenciando a intenção do legislador constituinte de afastar a possibilidade de controle da juridicidade das leis por meio de mandado de segurança, opção feita em razão da construção de sistemas próprios de controle da constitucionalidade das leis e atos normativos.

c) a decisão proferida em mandado de injunção determinará prazo razoável para que o impetrado promova a edição da norma regulamentadora e estabelecerá as condições em que se dará o exercício dos direitos, liberdades ou prerrogativas reclamados ou, se for o caso, as condições em que poderá o interessado promover ação própria visando a exercê-los, caso não supra a mora legislativa no prazo determinado, salvo se comprovado que o impetrado deixou de atender, em mandado de injunção anterior, ao prazo estabelecido para a edição da norma, quando então se deixará de fixar prazo, estabelecendo-se de imediato as condições de exercício do direito, liberdade ou prerrogativa reclamado.

d) a ação popular poderá ser proposta por qualquer pessoa, física ou jurídica, assim como pelo Ministério Público, na defesa do patrimônio público, da moralidade administrativa, do meio ambiente e do patrimônio histórico e cultural.

e) o mandado de injunção será admissível sempre que ato de autoridade pública ou agente de pessoa jurídica no exercício de atribuições do Poder Público tornar inviável o exercício dos direitos e liberdades constitucionais e das prerrogativas inerentes à nacionalidade, à soberania e à cidadania.

Questão 46: VUNESP - Hist (FUNDUNESP)/FUNDUNESP/2016

ASSUNTO: MANDADO DE INJUNÇÃO

João, por falta de norma regulamentadora, precisa que se torne viável a sua prerrogativa inerente à sua nacionalidade e cidadania. Para garantia desse direito, e conforme a Constituição Federal, João poderá impetrar

    a) mandado de injunção.

    b) mandado de segurança.

    c) habeas data.

    d) ação civil pública.

    e) ação popular.

Questão 47: FEPESE - Esc Pol (PC SC)/PC SC/2017

ASSUNTO: HABEAS DATA

De acordo com a Constituição Federal, conceder-se-á habeas data para:

    a) garantir o relaxamento de prisão.

    b) anular ato lesivo ao patrimônio público.

c) sustar violência contra a liberdade de locomoção.

d) assegurar o conhecimento de informações constantes de registros ou bancos de dados públicos.

e) exigir a edição de norma regulamentadora que viabiliza o exercício de direito inerente à cidadania.

Questão 48: FCC - TJ TRF5/TRF 5/Administrativa/"Sem Especialidade"/2017

ASSUNTO: HABEAS DATA

Adamastor, advogado, pretende ingressar com medida destinada à proteção de direito líquido e certo à retificação de dados a seu respeito constantes dos arquivos de repartição pública federal. Sabendo-se que Adamastor não tem condições de pagar custas processuais sem prejuízo do sustento de sua família, pode-se afirmar que para a retificação desejada deverá ingressar com

a) habeas data, sem que necessite pleitear os benefícios da Justiça gratuita em seu favor, já que, consoante a Constituição Federal, o habeas data, o mandado de injunção e o habeas corpus são ações gratuitas.

b) mandado de segurança e pleitear os benefícios da Justiça gratuita em seu favor.

c) habeas data e pleitear os benefícios da Justiça gratuita em seu favor.

d) habeas corpus, se se tratar de dados pertinentes à vida pregressa na esfera criminal, pleiteando os benefícios da Justiça gratuita em seu favor.

e) habeas data, sem que necessite pleitear os benefícios da Justiça gratuita em seu favor, já que, consoante a Constituição Federal, o habeas data e o habeas corpus são ações gratuitas.

Questão 49: CESPE - JD (TJDFT)/TJDFT/2016

ASSUNTO: AÇÃO POPULAR

No que se refere à ação popular, assinale a opção correta.

a) A decisão proferida pelo STF em ação popular possui força vinculante para juízes e tribunais, quando do exame de outros processos em que se discuta matéria similar.

b) A ação popular sujeita-se a prazo prescricional quinquenal previsto expressamente em lei, que a jurisprudência consolidada do STJ aplica por analogia à ação civil pública.

c) Para o cabimento da ação popular é exigível a demonstração do prejuízo material aos cofres públicos.

d) O MP, havendo comprometimento de interesse social qualificado, possui legitimidade ativa para propor ação popular.

e) Compete ao STF julgar ação popular contra autoridade cujas resoluções estejam sujeitas, em sede de mandado de segurança, à jurisdição imediata do STF.

Questão 50: ADVISE - Ass Jur (Cuité Mama)/Pref Cuité Maman/2016

ASSUNTO: AÇÃO POPULAR

Em relação à ação popular, analise as afirmativas abaixo e assinale a alternativa correta:

I. A ação popular destina-se à concretização do princípio republicano, em que o administrador público deve prestar contas em relação à gestão pública.

II. Apenas aquele que possui capacidade eleitoral ativa é parte legítima para propor ação popular.

III. O cabimento de ação popular não exige a comprovação de efetivo dano material ou pecuniário.

Está(ão) correto(s) o(s) item(ns):

   a) Apenas I está correta.

   b) Apenas II está correta.

   c) Apenas III está correta.

   d) Apenas I e II estão corretas.

   e) I, II e III estão corretas.

QUESTÕES COMENTADAS

Questão 1: FUNDATEC - Ana Tec ((DPE SC)/DPE SC/2018

ASSUNTO: CARACTERÍSTICAS (DIREITOS FUNDAMENTAIS)

Segundo a doutrina majoritária, NÃO deve ser reconhecido(a.) como uma característica dos direitos fundamentais:

a) Historicidade.

b) Inalienabilidade.

c) Imprescritibilidade.

d) Irrenunciabilidade.

e) Ser absoluto.

Gabarito: E (a questão pede a alternativa que NÃO É característica dos direitos fundamentais). Os direitos fundamentais têm, dentre as suas características, a relatividade. Não existem, via de regra, direitos fundamentais de natureza absoluta, já que encontram limites nos demais direitos previstos na Constituição. Assim, por exemplo, o direito de propriedade se submeterá ao atendimento de sua função social; a garantia da inviolabilidade das correspondências não será oponível ante a prática de atividades ilícitas; a liberdade de pensamento não pode conduzir ao racismo – e assim por diante.

Questão 2: VUNESP - Proc (IPSM SJC)/IPSM SJC/2018

ASSUNTO: CARACTERÍSTICAS (DIREITOS FUNDAMENTAIS)

Tendo em vista a importância dos direitos fundamentais no ordenamento jurídico brasileiro, é correto afirmar que

a) a universalidade, historicidade, inalienabilidade, imprescritibilidade, irrenunciabilidade e ilimitabilidade são características dos direitos fundamentais.

b) a dimensão objetiva diz respeito à relevância que os direitos fundamentais empregam à compreensão do ordenamento jurídico, não produzindo, tal dimensão, efeitos sobre as interpretações para a aplicação de direitos fundamentais individuais.

c) a expressão eficácia diagonal tem sido utilizada para designar a aplicação de direitos fundamentais às relações contratuais entre particulares onde há desequilíbrio fático.

d) o direito à moradia, em sua dimensão positiva, protege a moradia contra intervenções indevidas do Estado e de outros indivíduos.

e) a inelegibilidade em razão do parentesco é de natureza subjetiva, podendo ser afastada quando concretamente comprovada a ausência de vínculo entre os indivíduos.

Gabarito: Letra "C".

c) a expressão eficácia diagonal tem sido utilizada para designar a aplicação de direitos fundamentais às relações contratuais entre particulares onde há desequilíbrio fático.

Certo: Segundo Marcelo Novelino o desrespeito aos direitos fundamentais também ocorre entre as pessoas em suas relações de cunho privado, em equilíbrio jurídico de condições, motivo pelo qual adequa-se a utilização da teoria horizontal.

Não obstante, a constatação de que a opressão e a violência contra os indivíduos são oriundas não apenas do Estado, mas também de múltiplos atores privados, fez com que a incidência destes direitos fosse estendida ao âmbito das relações entre particulares. A projeção dos direitos fundamentais a estas relações, nas quais os particulares se encontram em uma hipotética relação de coordenação (igualdade jurídica), vem sendo denominada de eficácia horizontal ou privada dos direitos fundamentais. (Marcelo Novelino, Manual de Direito Constitucional, 2014)

Conforme ainda nos ensina a doutrina de Uadi Bulos, já a eficácia vertical representa as relações entre os indivíduos (sujeito ativo) e o Poder Público (sujeito passivo) nos direitos fundamentais.

Dizemos, pois, que as relações entre os indivíduos e o Estado apresentam eficácia vertical, porque a satisfação do direito de crédito ocorre no plano interno entre dois protagonistas bem definidos: o Poder Público, destinatário das obrigações decorrentes dos direitos fundamentais (sujeito passivo), e o indivíduo, titular de tais direitos (sujeito ativo).(Uadi Lammêgo Bulos, Curso de Direito Constitucional, 2014, p 540).

Questão 3: CESPE - AJ STJ/STJ/Administrativa/2018

ASSUNTO: CARACTERÍSTICAS (DIREITOS FUNDAMENTAIS)

A respeito dos direitos e garantias fundamentais, julgue o item que se segue, tendo como referência a jurisprudência do Supremo Tribunal Federal.

O rol dos direitos fundamentais previsto na Constituição Federal de 1988 é taxativo, isto é, o Brasil adota um sistema fechado de direitos fundamentais.

( ) Certo

( ) Errado

Gabarito: errado.

A enumeração constitucional dos direitos e garantias fundamentais não é limitada, taxativa, haja vista que outros poderão ser reconhecidos ulteriormente, seja por meio de futuras emendas constitucionais (EC) ou mesmo mediante normas infraconstitucionais, como os tratados e convenções internacionais celebrados pelo Brasil (art. 5º, § 2º).

Questão 4: FGV - AJ (TJ AL)/TJ AL/Oficial de Justiça Avaliador/2018

ASSUNTO: CARACTERÍSTICAS (DIREITOS FUNDAMENTAIS)

O Presidente da República celebrou tratado internacional no qual os Estados celebrantes se comprometiam a oferecer condições adequadas, no ambiente prisional, às mulheres grávidas que se encontrassem presas. Esse tratado foi aprovado pelas Casas do Congresso Nacional e regularmente promulgado na ordem jurídica interna.

À luz da sistemática constitucional, o tratado internacional assim aprovado é equivalente:

a) ao ato infralegal, pois a sua promulgação na ordem interna se dá por meio de decreto;

b) à lei ordinária, pois todo tratado internacional possui essa natureza jurídica;

c) ao ato nulo, pois somente o Senado Federal possui competência para aprovar tratado internacional;

d) à emenda constitucional, desde que aprovado em dois turnos, por três quintos dos votos dos membros das Casas;

e) à lei complementar, desde que aprovado pela maioria absoluta dos membros das Casas.

Gabarito: letra D.

O Presidente da República celebrou tratado internacional no qual os Estados celebrantes se comprometiam a oferecer condições adequadas, no ambiente prisional, às mulheres grávidas que se encontrassem presas. Esse tratado foi aprovado pelas Casas do Congresso Nacional e regularmente promulgado na ordem jurídica interna.

À luz da sistemática constitucional, o tratado internacional assim aprovado é equivalente:

d) à emenda constitucional, desde que aprovado em dois turnos, por três quintos dos votos dos membros das Casas;

Trata-se de tratado de direitos humanos aprovado na forma prevista no art. 5º, § 3º, da Constituição, sendo, por isso equivalente às emendas constitucionais:

Art. 5º, § 3º Os tratados e convenções internacionais sobre direitos humanos que forem aprovados, em cada Casa do Congresso Nacional, em dois turnos, por três quintos dos votos dos respectivos membros, serão equivalentes às emendas constitucionais.

Questão 5: FAURGS - AJ (TJ RS)/TJ RS/Judiciária/Ciências Jurídicas e Sociais/2017

ASSUNTO: CARACTERÍSTICAS (DIREITOS FUNDAMENTAIS)

Segundo a Constituição Federal, as normas definidoras dos direitos e garantias fundamentais têm aplicação

 a) após regulamentação legal.

 b) imediata.

 c) após ratificação por tratado internacional.

d) definida pela vacatio legis.

e) imediatamente após terem sido reconhecidas pelo Supremo Tribunal Federal.

Gabarito: Letra "B".

Conforme o art. 5°, § 1°, da CF/88, as normas relacionadas aos direitos fundamentais possuem aplicação imediata.

Art. 5° § 1º As normas definidoras dos direitos e garantias fundamentais têm aplicação imediata.

Questão 6:

ASSUNTO: CARACTERÍSTICAS (DIREITOS FUNDAMENTAIS)

Os direitos fundamentais são prerrogativas conferidas ao povo brasileiro pela Constituição Federal de 1988, contudo não há um só direito que seja absoluto no texto constitucional.

( ) CERTO

( ) ERRADO

Gabarito: Certo, segundo farta jurisprudência do STF, não existem direitos fundamentais absolutos.

Questão 7: Com. Exam. (TRT 2) - JT TRT2/TRT 2/2016

ASSUNTO: CARACTERÍSTICAS (DIREITOS FUNDAMENTAIS)

Considerando os direitos e garantias constitucionais assinale a alternativa INCORRETA:

a) Os direitos e garantias fundamentais podem ser suprimidos por meio de emendas constitucionais.

b) Os direitos fundamentais não se esgotam na Carta Magna, podendo ocorrer a inclusão de outros decorrentes dos regimes e princípios por ela adotados ou de tratados internacionais desde que a Republica do Brasil seja parte.

c) A garantia do juiz natural e a proibição do juízo de exceção, a garantia do contraditório e ampla defesa, a inadmissibilidade das provas obtidas por meios ilícitos e a motivação obrigatória das decisões judiciais são direitos específicos do processo.

d) Os direitos da personalidade são direitos inerentes e essenciais à pessoa humana decorrentes de sua dignidade, não sendo as pessoas jurídicas titulares de tais direitos, salvo aqueles que se conectem com a execução da sua atividade institucional.

e) Todas as pessoas têm o direito de não serem discriminadas por razões de sexo, raça, religião, ou até mesmo por suas ideias.

Gabarito: A. (A questão pede a INCORRETA)

Todos os direitos e garantias fundamentais individuais são considerados cláusulas pétreas, conforme art. 60, parágrafo 4º, CF.

Questão 8: FUNCAB - Del Pol (PC RJ)/PC RJ/2012

ASSUNTO: CARACTERÍSTICAS (DIREITOS FUNDAMENTAIS)

Assinale, dentre as opções abaixo, aquela que indica uma característica INCORRETA dos direitos e garantias tidos como fundamentais previstos na Constituição da República:

a) Históricos.

b) Cumuláveis ou concorrentes.

c) Inalienáveis.

d) Absolutos.

e) Irrenunciáveis.

Gabarito: D

Não existem direitos fundamentais absolutos.

Questão 9: UEG - Proc Jur (CM Itumb)/CM Itumbiara/2016

ASSUNTO: CARACTERÍSTICAS (DIREITOS FUNDAMENTAIS)

Sobre a abrangência dos Direitos e Garantias Fundamentais, tem-se o seguinte:

a) Conforme entendimento doutrinário, corroborado pelo STF, os direitos e deveres individuais e coletivos se restringem ao art. 5° da Constituição Federal de 1988.

b) O tema da eficácia horizontal dos direitos fundamentais, também denominado pela doutrina como eficácia pública ou interna dos direitos fundamentais, surge como importante contraponto à ideia de eficácia vertical dos direitos fundamentais.

c) A Teoria da Eficácia Indireta ou Mediata da aplicação dos direitos fundamentais às relações privadas orienta que alguns direitos fundamentais podem ser aplicados às relações privadas sem que haja a necessidade de intermediação legislativa para sua concretização.

d) O art. 5°, caput, da Constituição Federal, estabelece que todos são iguais perante a lei, garantindo-se aos brasileiros e aos estrangeiros residentes no país a vida, a liberdade, a segurança e a propriedade. Logo, os estrangeiros, de passagem pelo território nacional, não podem fazer uso dos remédios constitucionais.

e) Os direitos fundamentais não são absolutos, havendo, muitas vezes, no caso concreto, confronto, conflito de interesses. Nesses casos a solução ou vem discriminada na própria Constituição, ou caberá ao intérprete, que deverá levar em consideração a regra da máxima observância dos direitos fundamentais envolvidos, conjugando-a com a sua mínima restrição.

Gabarito: E.

No conflito aparente de direitos, deve ser dada prioridade à ponderação de valores observado o princípio da proporcionalidade e da vedação do excesso. Não existem direitos fundamentais de natureza absoluta, já que encontram limites nos demais direitos previstos na Constituição. Assim, por exemplo, o direito de propriedade se submeterá ao atendimento de sua função social; a garantia da inviolabilidade das correspondências não será oponível ante a prática de atividades ilícitas; a liberdade de pensamento não pode conduzir ao racismo – e assim por diante.

Questão 10: IDECAN - Tec NS (Leopoldina)/Pref Leopoldina/Advogado/2016

ASSUNTO: CARACTERÍSTICAS (DIREITOS FUNDAMENTAIS)

Quanto aos direitos e garantias fundamentais, é correto afirmar que:

a) O Brasil não se submete à jurisdição de Tribunal Penal Internacional.

b) As normas definidoras dos direitos e garantias fundamentais têm aplicação imediata.

c) Os direitos e garantias expressos na Constituição excluem outros decorrentes de norma legal.

d) Os tratados e convenções internacionais sobre direitos humanos equivalem à medida provisória.

Gabarito: alternativa correta é a letra B.

"Art. 5º Todos são iguais perante a lei, sem distinção de qualquer natureza, garantindo-se aos brasileiros e aos estrangeiros residentes no País a inviolabilidade do direito à vida, à liberdade, à igualdade, à segurança e à propriedade, nos termos seguintes:

§ 1º As normas definidoras dos direitos e garantias fundamentais têm aplicação imediata··.

Questão 11: CESPE - TJ TRT7/TRT 7/Administrativa/2017

ASSUNTO: GERAÇÕES DE DIREITOS FUNDAMENTAIS

Quanto à geração ou à dimensão dos direitos fundamentais, os direitos sociais são considerados de

a) quarta geração ou dimensão.

b) primeira geração ou dimensão.

c) segunda geração ou dimensão.

d) terceira geração ou dimensão.

Gabarito: Letra C.

c) segunda geração ou dimensão.

Os direitos de segunda geração ou dimensão dizem respeito a uma prestação positiva do Estado, são direitos de igualdade, mas uma igualdade em sentido material, efetiva e não apenas formal, do ponto de vista político. Incluem-se dentre esses direitos o direito à educação pública, à cultura, à saúde, ao seguro-desemprego, aposentadoria, previdência social, assistência social etc.

Questão 12: FCC - TJ TRT23/TRT 23/Administrativa/2016

ASSUNTO: GERAÇÕES DE DIREITOS FUNDAMENTAIS

Os chamados direitos de primeira geração (ou dimensão) surgiram no século XVIII, como consequência do modelo de Estado Liberal. São exemplos de direitos de primeira geração ou dimensão:

a) direito à vida e direito à saúde.

b) direito à liberdade e direito à propriedade.

c) direito à igualdade e direito à cultura.

d) direito ao lazer e direito à moradia.

e) direito à saúde e direito ao meio ambiente saudável.

Gabarito: B.

b) direito à liberdade e direito à propriedade.

Correto. Os denominados direitos de primeira dimensão ou geração aparecem a partir do surgimento do Estado liberal, e consolidam-se ao final do século XVIII, no qual se dá forte proeminência ao indivíduo, à livre iniciativa, e às liberdades individuais. A partir daí, passam a ser assegurados certos direitos ditos de liberdade, ou seja, o direito de não interferência do Estado na vida privada das pessoas.

Questão 13: CESPE - Deleg (PC BA)/PC BA/2013

ASSUNTO: DOS DIREITOS E DEVERES INDIVIDUAIS E COLETIVOS (ART. 5º DA CF/1988)

Em relação aos direitos e deveres fundamentais expressos na Constituição Federal de 1988 (CF), julgue o item subsecutivo.

A proteção do direito à vida tem como consequência a proibição da pena de morte em qualquer situação, da prática de tortura e da eutanásia.

( ) Certo

( ) Errado

Gabarito: Errado

Possível a pena de morte em caso de guerra declarada.

Questão 14: Instituto AOCP - Ag (ITEP RN)/ITEP RN/Necrópsia/2018

ASSUNTO: DOS DIREITOS E DEVERES INDIVIDUAIS E COLETIVOS (ART. 5º DA CF/1988)

O artigo 5º da Constituição Federal enumera alguns direitos individuais que devem ser preservados tanto pelo Estado como por particulares.

Assinale a alternativa que apresenta um direito constitucionalmente previsto no referido artigo.

a) É livre a manifestação do pensamento, permitido o anonimato.

b) É plena a liberdade de associação para fins lícitos, inclusive a de caráter paramilitar.

c) É livre o exercício de qualquer trabalho, ofício ou profissão, independentemente das qualificações profissionais que a lei estabelecer.

d) Haverá juízo ou tribunal de exceção.

e) A casa é asilo inviolável do indivíduo, ninguém nela podendo penetrar sem consentimento do morador, salvo em caso de flagrante delito ou desastre, ou para prestar socorro, ou, durante o dia, por determinação judicial.

A alternativa correta é a letra E.

Art. 5º, inciso XI da CF.

Questão 15: FGV - AnaLM (CM Salvador)/CM Salvador/Tramitação/2018

ASSUNTO: DOS DIREITOS E DEVERES INDIVIDUAIS E COLETIVOS (ART. 5º DA CF/1988)

Maria reuniu todos os documentos exigidos para se matricular em uma escola estadual do seu bairro. Para sua surpresa, o requerimento foi indeferido sem qualquer fundamentação. Considerando a manifesta ilegalidade do ato, bem como porque todos os elementos constitutivos do seu direito decorriam da prova documental, Maria procurou um advogado e solicitou o ajuizamento da medida judicial cabível.

À luz da sistemática constitucional, essa medida é:

a) habeas corpus;

b) mandado de segurança;

c) mandado de injunção;

d) habeas data;

e) pedido de suspensão.

Gabarito: letra B.

"A Constituição Federal assegura a todos o direito de petição aos Poderes Públicos, para defesa de direitos e esclarecimento de situações de interesse pessoal (art. 5º, XXXIV). 2. É a hipótese dos autos, em que os documentos requisitados visam à defesa da impetrante contra as acusações que lhe são imputadas na mídia e administrativamente. 3. Não sendo o caso de habeas data, o mandado de segurança é o meio hábil a amparar sua pretensão". (TRF 1ª Região, REO 51469 MG 2000.01.00.051469-0, rel. Des. Daniel Paes Ribeiro, julg. 26/3/2004)

Questão 16: AOCP - Cad (PM TO)/PM TO/2018

ASSUNTO: DOS DIREITOS E DEVERES INDIVIDUAIS E COLETIVOS (ART. 5º DA CF/1988)

A Constituição Federal, no capítulo de direitos e garantias fundamentais, traz diversas normas de caráter penal. Em relação a esse tema, assinale a alternativa correta.

a) É permitida pena de trabalho forçado para fins de remição da pena, desde que a empresa envie uma explicação ao Ministério do Trabalho.

b) Às presidiárias serão asseguradas condições para que possam permanecer com seus filhos durante o período mínimo de 01 (um) ano.

c) Será concedida extradição de estrangeiro por crime político.

d) São admissíveis, no processo, as provas obtidas por meios ilícitos.

e) Nenhuma pena passará da pessoa do condenado, podendo a obrigação de reparar o dano e a decretação do perdimento de bens ser, nos termos da lei, estendidas aos sucessores e contra eles executadas, até o limite do valor do patrimônio transferido.

Gabarito: Letra E.

Art. 5º. XLV - nenhuma pena passará da pessoa do condenado, podendo a obrigação de reparar o dano e a decretação do perdimento de bens ser, nos termos da lei, estendidas aos sucessores e contra eles executadas, até o limite do valor do patrimônio transferido;

Questão 17: FCC - AJ TRT6/TRT 6/Judiciária/Oficial de Justiça Avaliador Federal/2018

ASSUNTO: DOS DIREITOS E DEVERES INDIVIDUAIS E COLETIVOS (ART. 5º DA CF/1988)

Acerca do que dispõe a Constituição Federal sobre os direitos e deveres individuais e coletivos:

a) A pequena propriedade rural, assim definida em lei, desde que trabalhada pela família, poderá ser objeto de penhora para pagamento de débitos decorrentes de sua atividade produtiva, mas não de desapropriação.

b) A lei estabelecerá o procedimento para desapropriação por necessidade ou utilidade pública, ou por interesse social, mediante justa e prévia indenização com pagamento mediante títulos da dívida pública de emissão previamente aprovada pelo Congresso Nacional.

c) Todos têm direito a receber dos órgãos públicos informações de seu interesse particular, ou de interesse coletivo ou geral, que serão prestadas no prazo da lei, sob pena de responsabilidade, ressalvadas aquelas cujo sigilo seja imprescindível à segurança da sociedade e do Estado.

d) A lei assegurará aos autores de inventos industriais privilégio perpétuo de sua utilização, bem como proteção às criações industriais, à propriedade das marcas, aos nomes de empresas e a outros signos distintivos, tendo em vista o interesse social e o desenvolvimento tecnológico e econômico do país.

e) No caso de iminente perigo público, a autoridade competente poderá usar de propriedade particular, assegurada ao proprietário indenização prévia, sujeita a complementação posterior, na hipótese de ocorrência de dano.

Gabarito: letra C.

Art. 5º. XXXIII - todos têm direito a receber dos órgãos públicos informações de seu interesse particular, ou de interesse coletivo ou geral, que serão prestadas no prazo da lei, sob pena de responsabilidade, ressalvadas aquelas cujo sigilo seja imprescindível à segurança da sociedade e do Estado;

Questão 18: IBFC - Sold (PM SE)/PM SE/Combatente/2018

ASSUNTO: DOS DIREITOS E DEVERES INDIVIDUAIS E COLETIVOS (ART. 5º DA CF/1988)

A Constituição Federal da República não assegura, nos termos legais:

a) o direito de fiscalização do aproveitamento econômico das obras que criarem ou de que participarem aos criadores, aos intérpretes e às respectivas representações sindicais e associativas

b) o direito do cidadão de fiscalizar a administração pública e de aplicar sanções no exercício do poder de polícia

c) a proteção às participações individuais em obras coletivas

d) a proteção à reprodução da imagem e voz humanas, inclusive nas atividades desportivas

Gabarito: Letra B.

Realmente a CF NÃO assegura o direito do cidadão de aplicar sanções no exercício do poder de polícia, mas apenas de fiscalizar a administração pública, e, se for o caso, denunciar à autoridade competente.

Questão 19: IBFC - Sold (PM SE)/PM SE/Combatente/2018

ASSUNTO: DOS DIREITOS E DEVERES INDIVIDUAIS E COLETIVOS (ART. 5º DA CF/1988)

A Constituição Federal da República não proíbe a aplicação de penas:

a) de banimento

b) perpétuas

c) de trabalhos forçados

d) de perda de bens

Gabarito: Letra D.

Art. 5º. XLVII - não haverá penas:

a) de morte, salvo em caso de guerra declarada, nos termos do art. 84, XIX;

b) de caráter perpétuo;

c) de trabalhos forçados;

d) de banimento;

e) cruéis;

Questão 20: AOCP - Ass Soc (FUNPAPA)/FUNPAPA/2018

ASSUNTO: DOS DIREITOS E DEVERES INDIVIDUAIS E COLETIVOS (ART. 5º DA CF/1988)

Todos são iguais perante a lei, sem distinção de qualquer natureza, garantindo-se aos brasileiros e aos estrangeiros residentes no País a inviolabilidade do direito

a) ao trabalho remunerado, ao descanso, à seguridade social, à proteção contra enfermidades e à educação.

b) à vida, à liberdade, à igualdade, à segurança e à propriedade.

c) à liberdade, à equidade, à justiça social, à defesa intransigente dos direitos humanos.

d) a um meio ambiente equilibrado, a uma saudável qualidade de vida, ao progresso, à paz, à autodeterminação dos povos.

e) à vida, à globalização, à competição, à propriedade e à segurança.

Gabarito: Letra B.

Art. 5º Todos são iguais perante a lei, sem distinção de qualquer natureza, garantindo-se aos brasileiros e aos estrangeiros residentes no País a inviolabilidade do direito à vida, à liberdade, à igualdade, à segurança e à propriedade, nos termos seguintes:

Questão 21: FCC - Tec Leg (CL DF)/CL DF/Fotógrafo/2018

ASSUNTO: DOS DIREITOS E DEVERES INDIVIDUAIS E COLETIVOS (ART. 5º DA CF/1988)

Considerando o que dispõe a Constituição da República Federativa do Brasil acerca dos direitos e garantias fundamentais,

a) nenhum brasileiro será extraditado, salvo o naturalizado, apenas na hipótese de comprovado envolvimento em tráfico ilícito de entorpecentes e drogas afins, na forma da lei.

b) o preso será informado de seus direitos e obrigações, entre as quais a de permanecer calado, sendo-lhe assegurada a assistência da família e de advogado.

c) conceder-se-á habeas corpus sempre que alguém sofrer ou se achar ameaçado de sofrer violência ou coação em sua liberdade de locomoção, por ilegalidade ou abuso de poder, ou para proteger direito líquido e certo quando o responsável pela ilegalidade ou abuso de poder for autoridade pública ou agente de pessoa jurídica no exercício de atribuições do Poder Público.

d) ninguém será preso senão em flagrante delito ou por ordem escrita e fundamentada de autoridade judiciária competente, inclusive nos casos de crime propriamente militar.

e) nenhuma pena passará da pessoa do condenado, podendo a obrigação de reparar o dano e a decretação do perdimento de bens ser, nos termos da lei, estendidas aos sucessores e contra eles executadas, até o limite do valor do patrimônio transferido.

Gabarito: Letra E.

XLV - nenhuma pena passará da pessoa do condenado, podendo a obrigação de reparar o dano e a decretação do perdimento de bens ser, nos termos da lei, estendidas aos sucessores e contra eles executadas, até o limite do valor do patrimônio transferido;

Questão 22: IBADE - GSSP (SEJUC SE)/SEJUC SE/2018

ASSUNTO: DOS DIREITOS E DEVERES INDIVIDUAIS E COLETIVOS (ART. 5º DA CF/1988)

Com relação às condições de tratamento do preso, a Constituição Federal prevê que:

a) em caso de transgressão disciplinar, o preso poderá ser obrigado a realizar trabalhos forçados.

b) não é assegurado aos presos o respeito à integridade física e moral.

c) os presos poderão ser privados de água e refeição caso cometam transgressões disciplinares graves.

d) às presidiárias serão asseguradas condições para que possam permanecer com seus filhos durante o período de amamentação.

e) a pena será cumprida em estabelecimentos semelhantes entre si, de acordo com a natureza do delito e a quantidade de pena a que o preso foi condenado.

A alternativa correta é a letra D.

Art. 5º. L - às presidiárias serão asseguradas condições para que possam permanecer com seus filhos durante o período de amamentação"

Questão 23: VUNESP - Ass Adm I (UNESP)/UNESP/Campus Itapeva/2017

ASSUNTO: DOS DIREITOS E DEVERES INDIVIDUAIS E COLETIVOS (ART. 5º DA CF/1988)

Ressalvados os casos previstos na Constituição Federal, a lei estabelecerá o procedimento para desapropriação por necessidade ou utilidade pública, ou por interesse social, mediante

a) títulos da dívida pública.

b) justa e prévia indenização em dinheiro.

c) títulos da dívida agrária.

d) precatórios judiciais.

e) ordens de pagamento do Tesouro.

Gabarito letra "B".

Art. 5º. XXIV - a lei estabelecerá o procedimento para desapropriação por necessidade ou utilidade pública, ou por interesse social, mediante justa e prévia indenização em dinheiro, ressalvados os casos previstos nesta Constituição;

Questão 24: FCC - Esp RT (ARTESP)/ARTESP/Direito/I/2017

ASSUNTO: DOS DIREITOS E DEVERES INDIVIDUAIS E COLETIVOS (ART. 5º DA CF/1988)

O direito de propriedade é garantido pela Constituição Federal, de forma que para a construção de uma rodovia, determinado Estado da Federação

a) depende, para realização da obra, da concordância dos proprietários das áreas cujo traçado sobreporá.

b) precisa adquirir as áreas, em razão do direito de propriedade constar do rol de direitos individuais, desde que pelo valor determinado pelos proprietários.

c) depende de autorização do Poder Judiciário para aquisição das áreas, o que, se deferido, viabilizará a compra das áreas ou a desapropriação das mesmas.

d) pode exigir as propriedades dos particulares somente se estiverem descumprindo sua função social.

e) pode lançar mão da desapropriação, mediante justa e prévia indenização aos proprietários, direito que também consta do rol de direitos individuais.

Gabarito: Letra E.

Art. 5º

XXII - é garantido o direito de propriedade;

XXIII - a propriedade atenderá a sua função social;

XXIV - a lei estabelecerá o procedimento para desapropriação por necessidade ou utilidade pública, ou por interesse social, mediante justa e prévia indenização em dinheiro, ressalvados os casos previstos nesta Constituição;

Questão 25: FCC - Esp RT (ARTESP)/ARTESP/Direito/III/2017

ASSUNTO: DOS DIREITOS E DEVERES INDIVIDUAIS E COLETIVOS (ART. 5º DA CF/1988)

O artigo 5º, inciso XXXVI, garante aos cidadãos que a lei não prejudicará o direito adquirido, o ato jurídico perfeito e a coisa julgada. A exegese dada à garantia do direito adquirido

a) considera como momento de consolidação do direito adquirido a data da promulgação da norma que veiculou as condições para aquisição, de forma que desde essa data não pode haver alteração.

b) pondera o direito adquirido com os demais direitos e garantias individuais, bem como com as competências atribuídas aos entes federados para identificação das políticas e necessidades públicas, a fim de formular juízo de prevalência de interesses, prevalecendo aquele que melhor atenda ao interesse público.

c) reputa o direito adquirido como matéria de direito infraconstitucional, não obstante seu status formal constitucional, na medida em que a solução da questão se situa no plano da validade das normas infralegais que se colocam em conflito temporal, prevalecendo a norma posterior.

d) é concorde sobre o reconhecimento do direito adquirido dar-se no momento do preenchimento de todos os requisitos para exercício do direito tutelado, ou seja, a partir de quando seja autorizado ao interessado o recebimento ou gozo do direito tutelado.

e) entende que o direito adquirido assemelha-se ao ato jurídico perfeito, pois o primeiro é consolidado com a promulgação da lei que concede o benefício e o segundo se aperfeiçoa com a realização do ato, não havendo necessidade de providências ou atos posteriores.

Gabarito: D.

Correto. A Constituição estabelece, como regra, que a lei não poderá retroagir para prejudicar direitos e situações constituídas. Estabelece o inciso XXXVI da CF/88:

Art. 5º. XXXVI - a lei não prejudicará o direito adquirido, o ato jurídico perfeito e a coisa julgada;

Questão 26: PUC PR - Ana Jud (TJ PR)/TJ PR/Psicologia/2017

ASSUNTO: DOS DIREITOS E DEVERES INDIVIDUAIS E COLETIVOS (ART. 5º DA CF/1988)

Sobre os Direitos Fundamentais previstos na Constituição Federal de 1988, leia as assertivas a seguir e, depois, assinale a alternativa CORRETA.

I. A lei só poderá restringir a publicidade dos atos processuais quando a defesa da intimidade ou o interesse social o exigirem.

II. É assegurado a todos o acesso à informação e resguardado o sigilo da fonte quando necessário ao exercício profissional.

III. É livre a manifestação do pensamento, sendo vedado o anonimato.

IV. Todos têm direito a receber dos órgãos públicos informações de seu interesse particular, ou de interesse coletivo ou geral, que serão prestadas no prazo da lei, sob pena de responsabilidade, ressalvadas aquelas cujo sigilo seja imprescindível à segurança da sociedade e do Estado.

a) Apenas as assertivas I, II e IV estão corretas.

b) Apenas as assertivas II e IV estão corretas.

c) Todas as assertivas estão corretas.

d) Apenas as assertivas II, III e IV estão corretas.

e) Apenas as assertivas I e III estão corretas.

Gabarito: C.

I. A lei só poderá restringir a publicidade dos atos processuais quando a defesa da intimidade ou o interesse social o exigirem.

CORRETA. LX - a lei só poderá restringir a publicidade dos atos processuais quando a defesa da intimidade ou o interesse social o exigirem;

II. É assegurado a todos o acesso à informação e resguardado o sigilo da fonte quando necessário ao exercício profissional.

CORRETA. XIV - é assegurado a todos o acesso à informação e resguardado o sigilo da fonte, quando necessário ao exercício profissional;

III. É livre a manifestação do pensamento, sendo vedado o anonimato.

CORRETA. IV - é livre a manifestação do pensamento, sendo vedado o anonimato;

IV. Todos têm direito a receber dos órgãos públicos informações de seu interesse particular, ou de interesse coletivo ou geral, que serão prestadas no prazo da lei, sob pena de responsabilidade, ressalvadas aquelas cujo sigilo seja imprescindível à segurança da sociedade e do Estado.

CORRETA. XXXIII - todos têm direito a receber dos órgãos públicos informações de seu interesse particular, ou de interesse coletivo ou geral, que serão prestadas no prazo da lei, sob pena de responsabilidade, ressalvadas aquelas cujo sigilo seja imprescindível à segurança da sociedade e do Estado;

Questão 27: CESPE - Of (CBM AL)/CBM AL/Combatente/2017

ASSUNTO: DOS DIREITOS E DEVERES INDIVIDUAIS E COLETIVOS (ART. 5º DA CF/1988)

Acerca dos direitos e das garantias fundamentais previstos na Constituição Federal de 1988 (CF), julgue o item a seguir.

No Estado brasileiro, é plena a liberdade de associação de seus cidadãos, desde que para fins lícitos, sendo expressamente vedado qualquer tipo de associação de caráter paramilitar.

( ) Certo

( ) Errado

Gabarito: certo.

Correto. A Constituição Federal veda expressamente a existência de organizações paramilitares, a par da liberdade de associação (art. 5º, XVII, CF), do tipo "Sendero Luminoso", no Peru ou "Forças Armadas Revolucionárias", da Colômbia ou da "Vanguarda Armada Revolucionária Palmares", da nossa ex-Presidente da República, além das milícias ilegais de policiais civis e militares que infestam nosso País:

Art. 5º. XVII - é plena a liberdade de associação para fins lícitos, vedada a de caráter paramilitar;

Questão 28: CONSULPLAN - Of Jud (TJ MG)/TJ MG/Comissário da Infância e da Juventude/2017

ASSUNTO: DOS DIREITOS E DEVERES INDIVIDUAIS E COLETIVOS (ART. 5º DA CF/1988)

Considerando o previsto na Constituição Federal, assinale a alternativa INCORRETA:

a) A casa é asilo inviolável do indivíduo, ninguém nela podendo penetrar sem consentimento do morador, salvo em caso de flagrante delito ou desastre, ou para prestar socorro, ou, durante a noite, por determinação judicial.

b) A obtenção de certidões em repartições públicas, para defesa de direitos e esclarecimento de situações de interesse pessoal, é assegurada a todos, independentemente do pagamento de taxas.

c) O direito de greve será exercido nos termos e nos limites definidos em lei específica.

d) O prazo de validade do concurso público será de até dois anos, prorrogável uma vez, por igual período.

A alternativa incorreta é a letra A.

Art. 5º. XI - a casa é asilo inviolável do indivíduo, ninguém nela podendo penetrar sem consentimento do morador, salvo em caso de flagrante delito ou desastre, ou para prestar socorro, ou, durante o dia, por determinação judicial".

Questão 29: IBADE - Adv (SEJUDH MT)/SEJUDH MT/2017

ASSUNTO: DOS DIREITOS E DEVERES INDIVIDUAIS E COLETIVOS (ART. 5º DA CF/1988)

Sobre os direitos e deveres individuais e coletivos assegurados pela Constituição Federal, assinale a alternativa correta.

a) Todos podem reunir-se pacificamente, sem armas, em locais abertos ao público, desde que com autorização e não frustrem outra reunião anteriormente convocada para o mesmo local.

b) É livre a manifestação do pensamento, não se admitindo o anonimato.

c) As normas definidoras dos direitos e garantias fundamentais não têm aplicação imediata, devendo ser regulamentadas por lei complementar.

d) É livre o exercício de qualquer trabalho, ofício ou profissão, independentemente das qualificações profissionais que a lei estabelecer.

e) A expressão da atividade intelectual, artística, científica e de comunicação é livre, estando contudo sujeita à censura ou licença.

Gabarito: B

Questão resolvida com a simples leitura da nossa Constituição Federal. Vejamos:

b) É livre a manifestação do pensamento, não se admitindo o anonimato. (CORRETO)

Art. 5º. IV - é livre a manifestação do pensamento, sendo vedado o anonimato;

Questão 30: CEV UECE - Soc Educ (SEAS CE)/SEAS CE/2017

ASSUNTO: DOS DIREITOS E DEVERES INDIVIDUAIS E COLETIVOS (ART. 5º DA CF/1988)

Quanto aos remédios constitucionais, assinale a opção que completa, correta e respectivamente, as lacunas do seguinte dispositivo legal.

"são gratuitas as ações de _____ ^{1} e _____ ^{2}, e, na forma da lei, os atos necessários ao exercício da cidadania".

a) habeas corpus^1 — habeas data^2

b) mandados de injunção^1 — mandado de segurança^2

c) habeas data^1 — mandados de injunção^2

d) habeas corpus^1 — mandado de segurança^2

A alternativa correta é a letra A.

O art.5º, LXXVII da Constituição Federal, determina que as ações de habeas corpus e habeas data serão gratuitas, bem como os demais atos necessários ao exercício da cidadania:

"Art. 5º Todos são iguais perante a lei, sem distinção de qualquer natureza, garantindo-se aos brasileiros e aos estrangeiros residentes no País a inviolabilidade do direito à vida, à liberdade, à igualdade, à segurança e à propriedade, nos termos seguintes:

LXXVII - são gratuitas as ações de habeas corpus e habeas data, e, na forma da lei, os atos necessários ao exercício da cidadania".

Questão 31: IDECAN - TcLg (CM Natividade)/CM Natividade (RJ)/2017

ASSUNTO: DOS DIREITOS E DEVERES INDIVIDUAIS E COLETIVOS (ART. 5º DA CF/1988)

Sobre os Direitos e Deveres Individuais e Coletivos previstos na Constituição da República Federativa do Brasil, assinale a alternativa INCORRETA.

a) No caso de iminente perigo público, a autoridade competente poderá usar de propriedade particular, assegurada ao proprietário indenização ulterior, se houver dano.

b) As associações só poderão ser compulsoriamente dissolvidas ou ter suas atividades suspensas por decisão judicial, exigindo-se, no primeiro caso, o trânsito em julgado.

c) A sucessão de bens de estrangeiros situados no país será regulada pela lei brasileira em benefício do cônjuge ou dos filhos brasileiros, sempre que não lhes seja mais favorável a lei pessoal do "de cujus".

d) A lei considerará crimes inafiançáveis e imprescritíveis a prática da tortura, o tráfico ilícito de entorpecentes e drogas afins, o terrorismo e os definidos como crimes hediondos, por eles respondendo os mandantes, os executores e os que, podendo evitá-los, se omitirem.

Gabarito: Letra D.

A alternativa procede em erro ao afirmar se tratar de crimes inafiançáveis e imprescritíveis a prática da tortura, o tráfico ilícito de entorpecentes e drogas afins, o terrorismo e os definidos como crimes hediondos, por eles respondendo os mandantes, os executores e os que, podendo evitá-los, se omitirem, uma vez que tais crimes são, segundo a CF/88 (art. 5º, XLIII), inafiançáveis e insuscetíveis de graça ou anistia.

Art. 5º

XIX – as associações só poderão ser compulsoriamente dissolvidas ou ter suas atividades suspensas por decisão judicial, exigindo-se, no primeiro caso, o trânsito em julgado; (Acerto da afirmativa "b")

XXV – no caso de iminente perigo público, a autoridade competente poderá usar de propriedade particular, assegurada ao proprietário indenização ulterior, se houver dano; (Acerto da afirmativa "a")

XXXI – a sucessão de bens de estrangeiros situados no País será regulada pela lei brasileira em benefício do cônjuge ou dos filhos brasileiros, sempre que não lhes seja mais favorável a lei pessoal do de cujus; (Acerto da afirmativa "c")

XLIII – a lei considerará crimes inafiançáveis e insuscetíveis de graça ou anistia a prática da tortura, o tráfico ilícito de entorpecentes e drogas afins, o terrorismo e os definidos como crimes hediondos, por eles respondendo os mandantes, os executores e os que, podendo evitá-los, se omitirem;

Questão 32: FGV - OAB UNI NAC/OAB/XIX Exame/2016

ASSUNTO: DOS DIREITOS E DEVERES INDIVIDUAIS E COLETIVOS (ART. 5º DA CF/1988)

José, internado em um hospital público para tratamento de saúde, solicita a presença de um pastor para lhe conceder assistência religiosa. O pedido, porém, é negado pela direção do hospital, sob a alegação de que, por se tratar de instituição pública, a assistência não seria possível em face da laicidade do Estado. Inconformado, José consulta um advogado.

Após a análise da situação, o advogado esclarece, com correto embasamento constitucional, que

a) a negativa emanada pelo hospital foi correta, tendo em vista que a Constituição Federal de 1988, ao consagrar a laicidade do Estado brasileiro, rejeita a expressão religiosa em espaços públicos.

b) a direção do hospital não tem razão, pois, embora a Constituição Federal de 1988 reconheça a laicidade do Estado, a assistência religiosa é um direito garantido pela mesma ordem constitucional.

c) a correção ou incorreção da negativa da direção do hospital depende de sua consonância, ou não, com o regulamento da própria instituição, já que se está perante direito disponível.

d) a decisão sobre a possibilidade, ou não, de haver assistência religiosa em entidades públicas de saúde depende exclusivamente de comando normativo legal, já que a temática não é de estatura constitucional.

Gabarito: B.

Art. 5º

VI - é inviolável a liberdade de consciência e de crença, sendo assegurado o livre exercício dos cultos religiosos e garantida, na forma da lei, a proteção aos locais de culto e a suas liturgias;

VII - é assegurada, nos termos da lei, a prestação de assistência religiosa nas entidades civis e militares de internação coletiva;

Questão 33: VUNESP - Proc (IPSMI)/IPSMI/2016

ASSUNTO: DOS DIREITOS E DEVERES INDIVIDUAIS E COLETIVOS (ART. 5º DA CF/1988)

De acordo com a Constituição Federal de 1988,

a) o direito à saúde é direito social, de segunda geração, garantido apenas aos brasileiros natos ou naturalizados.

b) a lei não poderá restringir a publicidade de atos processuais.

c) a lei considerará crimes inafiançáveis e insuscetíveis de graça ou anistia, exclusivamente, os crimes de tortura, terrorismo, racismo e homofobia.

d) é garantido o direito à herança, desde que respeitada a função social da propriedade.

e) é possível a extradição de qualquer brasileiro naturalizado em caso de crime comum, praticado antes da naturalização, ou de comprovado envolvimento em tráfico ilícito de entorpecentes e drogas afins, praticados antes ou depois da naturalização.

Gabarito: E.

Art. 5º......

LI - nenhum brasileiro será extraditado, salvo o naturalizado, em caso de crime comum, praticado antes da naturalização, ou de comprovado envolvimento em tráfico ilícito de entorpecentes e drogas afins, na forma da lei;

Questão 34: VUNESP - Ass Adm I (UNESP)/UNESP/Campus Araraquara/2016

ASSUNTO: DOS DIREITOS E DEVERES INDIVIDUAIS E COLETIVOS (ART. 5º DA CF/1988)

Segundo a Constituição Federal, a criação de associações e, na forma da lei, a de cooperativas

a) dependem de autorização do Poder Executivo.

b) são acompanhadas por uma Comissão Especial criada pelo Poder Legislativo.

c) independem de autorização, sendo vedada a interferência estatal em seu funcionamento.

d) dependem de Decreto específico do Poder Legislativo, porém é vedada qualquer interferência do Poder Executivo em seu funcionamento.

e) independem de autorização do Poder Judiciário, porém devem ter seu funcionamento fiscalizado pelo Poder Legislativo.

Gabarito: C.

Art. 5º.

XVII - é plena a liberdade de associação para fins lícitos, vedada a de caráter paramilitar;

XVIII - a criação de associações e, na forma da lei, a de cooperativas independem de autorização, sendo vedada a interferência estatal em seu funcionamento;

XIX - as associações só poderão ser compulsoriamente dissolvidas ou ter suas atividades suspensas por decisão judicial, exigindo-se, no primeiro caso, o trânsito em julgado;

XX - ninguém poderá ser compelido a associar-se ou a permanecer associado;

XXI - as entidades associativas, quando expressamente autorizadas, têm legitimidade para representar seus filiados judicial ou extrajudicialmente;

Questão 35: VUNESP - Proc Jur (Alumínio)/Pref Alumínio/2016

ASSUNTO: DOS DIREITOS E DEVERES INDIVIDUAIS E COLETIVOS (ART. 5º DA CF/1988)

No que se refere aos direitos e garantias individuais, é correto afirmar que constitui crime inafiançável e imprescritível a prática de

a) tráfico internacional de drogas.

b) racismo.

c) tortura.

d) crimes definidos como hediondos.

e) crimes praticados contra a Administração Pública que importem em atos de improbidade administrativa.

A alternativa correta é a letra B.

Art. 5º. XLII - a prática do racismo constitui crime inafiançável e imprescritível, sujeito à pena de reclusão, nos termos da lei'.

Questão 36: Instituto AOCP - Sold (PM CE)/PM CE/2016

ASSUNTO: DOS DIREITOS E DEVERES INDIVIDUAIS E COLETIVOS (ART. 5º DA CF/1988)

Em relação à Constituição Federal de 1988: Artigo 5º - Dos Direitos e Garantias Fundamentais -, julgue, como Certo (C) ou Errado (E), o item a seguir.

A prisão de qualquer pessoa e o local onde se encontre deverão ser comunicados ao juiz competente e à família do preso ou à pessoa por ele indicada, de imediato.

( ) Certo

( ) Errado

O item está certo.

Art. 5º. LXII - a prisão de qualquer pessoa e o local onde se encontre serão comunicados imediatamente ao juiz competente e à família do preso ou à pessoa por ele indicada'.

Questão 37: IBADE - Proc (CM SMM)/CM SMM/2016

ASSUNTO: DOS DIREITOS E DEVERES INDIVIDUAIS E COLETIVOS (ART. 5º DA CF/1988)

Indique o meio de prova que prescinde de autorização judicial para a sua produção.

a) Gravação ambiental

b) Interceptação de conversa telefônica

c) Transcrição de dados constantes de aplicativo tipo Whatsapp constante em aparelho celular apreendido

d) Interceptação de dados de telemática

e) Quebra do sigilo de dados de informática

Gabarito: Letra "a".

Cuidado com a palavra prescinde, que significa dispensa.

Conforme pronunciamento já realizado pela suprema corte, é possível a realização de prova obtida por meio de gravação ambiente (realizada por um dos interlocutores sem o conhecimento do outro), tendo decidido pela relativização de direitos fundamentais entre o sigilo das comunicações telefônicas e o uso da gravação ambiental.

Questão 38: IBADE - Adm (Pref RB)/Pref RB/2016

ASSUNTO: DOS DIREITOS E DEVERES INDIVIDUAIS E COLETIVOS (ART. 5º DA CF/1988)

Sempre que a falta de norma regulamentadora torne inviável o exercício dos direitos e liberdades constitucionais e das prerrogativas inerentes à nacionalidade, à soberania e à cidadania, condecer-se-á:

a) habeas corpus.

b) mandado de segurança.

c) habeas data.

d) ação direta de inconstitucionalidade.

e) mandado de injunção.

Gabarito: Letra "E".

O mandado de injunção, conforme o art. 5°, inciso LXXI, da CF/88, deverá ser utilizado na hipótese de que a falta de norma regulamentadora torne inviável o exercício dos direitos e liberdades constitucionais e das prerrogativas inerentes à nacionalidade, à soberania e à cidadania.

Questão 39: UFMT - CI (CM Sorriso)/CM Sorriso/2016

ASSUNTO: DOS DIREITOS E DEVERES INDIVIDUAIS E COLETIVOS (ART. 5º DA CF/1988)

De acordo com as normas constitucionais que versam sobre o direito de propriedade, assinale a assertiva INCORRETA.

a) No caso de iminente perigo público, a autoridade competente poderá usar de propriedade particular, assegurada ao proprietário prévia indenização em dinheiro.

b) O direito de propriedade não é absoluto, pois é condicionado pelo dever de cumprir a sua função social.

c) As desapropriações de imóveis urbanos edificados serão feitas com prévia e justa indenização em dinheiro.

d) A pequena propriedade rural, assim definida em lei, desde que trabalhada pela família, não será objeto de penhora para pagamento de débitos decorrentes de sua atividade produtiva.

Gabarito: Letra "a".

A alternativa "a" está incorreta, uma vez que, conforme o art. 5º, inciso XXV, da CF/88, em caso de iminente perigo público, a autoridade competente poderá usar de propriedade particular, porém será assegurada ao proprietário indenização ulterior, se houver dano.

Questão 40: CEV UECE - Proc Aut (DER CE)/DER CE/Jurídica/2016

ASSUNTO: DOS DIREITOS E DEVERES INDIVIDUAIS E COLETIVOS (ART. 5º DA CF/1988)

Na forma do texto constitucional, conceder-se-á habeas corpus

a) para proteger direito líquido e certo, não amparado por habeas corpus ou habeas data, quando o responsável pela ilegalidade ou abuso de poder for autoridade pública ou agente de pessoa jurídica no exercício de atribuições do Poder Público.

b) sempre que alguém sofrer ou se achar ameaçado de sofrer violência ou coação em sua liberdade de locomoção, por ilegalidade ou abuso de poder.

c) para assegurar o conhecimento de informações relativas à pessoa do impetrante, constantes de registros ou bancos de dados de entidades governamentais ou de caráter público.

d) para a anulação de dados, quando não se prefira fazê-lo por processo sigiloso, judicial ou administrativo.

Gabarito: Letra "B".

O art. 5°, LXVIII institui a ação constitucional chamada de habeas corpus, que poderá ser utilizada na hipótese de alguém sofrer ou se achar ameaçado de sofrer violência ou coação em sua liberdade de locomoção, por ilegalidade ou abuso de poder.

Questão 41: CESPE - AJ STJ/STJ/Administrativa/2018

ASSUNTO: HABEAS CORPUS

A respeito dos direitos e garantias fundamentais, julgue o item que se segue, tendo como referência a jurisprudência do Supremo Tribunal Federal.

É vedado ao legislador editar lei em que se exija o pagamento de custas processuais para a impetração de habeas corpus.

( ) Certo

( ) Errado

Gabarito: certo.

Art. 5º. LXXVII - são gratuitas as ações de habeas corpus e habeas data, e, na forma da lei, os atos necessários ao exercício da cidadania.

Questão 42: CESPE - Del Pol (PC GO)/PC GO/2017

ASSUNTO: HABEAS CORPUS

Considerando a jurisprudência do STF, assinale a opção correta com relação aos remédios do direito constitucional.

a) É cabível habeas corpus contra decisão monocrática de ministro de tribunal.

b) Em habeas corpus é inadmissível a alegação do princípio da insignificância no caso de delito de lesão corporal cometido em âmbito de violência doméstica contra a mulher.

c) No mandado de segurança coletivo, o fato de haver o envolvimento de direito apenas de certa parte do quadro social afasta a legitimação da associação.

d) O prazo para impetração do mandado de segurança é de cento e vinte dias, a contar da data em que o interessado tiver conhecimento oficial do ato a ser impugnado, havendo decadência se o mandado tiver sido protocolado a tempo perante juízo incompetente.

e) O habeas corpus é o instrumento adequado para pleitear trancamento de processo de impeachment.

Gabarito: B.

Na esteira de julgados anteriores, o Supremo Tribunal Federal reiterou o entendimento de que não se pode aplicar o princípio da insignificância pela prática de crime com violência contra a mulher. Segundo o STF, referido princípio não foi estruturado para resguardar e legitimar condutas desvirtuadas, mas para impedir que desvios de conduta ínfimos, isolados, sejam sancionados pelo direito penal, fazendo-se justiça no caso concreto. Nesse sentido, comportamentos contrários à lei penal, notadamente quando exercidos com violência contra a mulher, devido à expressiva ofensividade, periculosidade social, reprovabilidade do comportamento e lesão jurídica causada, perdem a característica da bagatela e devem submeter-se ao direito penal (Recurso Extraordinário em Habeas Corpus 133.043/MS, rel. min. Cármen Lúcia, julg. em 10/5/2016).

Questão 43: VUNESP - NeR (TJ SP)/TJ SP/Remoção/2016

ASSUNTO: MANDADO DE SEGURANÇA

Cidadão que pretende obter em repartição pública, certidão para fins de defesa em processo penal, e se vê diante de negativa do referido órgão, deverá ajuizar

a) mandado de segurança, para defesa de seu direito fundamental a obter certidões em repartições públicas para defesa de direitos e esclarecimento de situação de interesse pessoal.

b) habeas data, remédio constitucional previsto para conhecimento de informações relativas à pessoa do impetrante, constantes de registros ou bancos de dados de entidades governamentais ou de caráter público.

c) habeas corpus, já que por se destinar a certidão a surtir efeito em processo penal, poderá eclodir violação à liberdade de locomoção por ilegalidade.

d) mandado de injunção, pois se cuida de omissão que torna inviável o exercício do direito à ampla defesa.

Gabarito: A.

Um dos fundamentos do Mandado de Segurança é negativa ilegal ao fornecimento de certidões (art. 5º, XXXIV, "b" e LXXVI). Por exemplo, o direito do servidor público de obter certidão de tempo de serviço perante a autoridade administrativa para requerer a sua aposentadoria, ou no caso da questão, certidão de antecedentes ou nada consta, para fins de defesa em processo penal.

Questão 44: VUNESP - Proc Jur(CM Marília)/CM Marília/2016

ASSUNTO: MANDADO DE SEGURANÇA

Assinale a alternativa que corretamente discorre sobre aspectos do mandado de segurança, previsto como remédio constitucional na Constituição Federal de 1988.

a) No exercício de competência delegada, o mandado de segurança deve ser impetrado contra a autoridade delegante.

b) Pedido de reconsideração na via administrativa não interrompe o prazo para o mandado de segurança.

c) A entidade de classe não tem legitimação para o mandado de segurança quando a pretensão veiculada interesse apenas a uma parte da respectiva categoria.

d) Cabe mandado de segurança contra decisão judicial com trânsito em julgado ou passível de correição.

e) O mandado de segurança, em determinados casos excepcionais, substitui a ação popular.

A alternativa correta é a letra B.

STF - Súmula 430: "Pedido de reconsideração na via administrativa não interrompe o prazo para o mandado de segurança".

Questão 45: FCC - AJ TRT21/TRT 21/Judiciária/2017

ASSUNTO: MANDADO DE INJUNÇÃO

À luz da disciplina normativa e jurisprudência do Supremo Tribunal Federal acerca das ações constitucionais destinadas à tutela de direitos fundamentais,

a) a decisão proferida em mandado de injunção terá eficácia erga omnes, podendo, no entanto, excepcionalmente, ter sua eficácia subjetiva limitada às partes, quando restar comprovado que a eficácia erga omnes causaria grave lesão à ordem, economia e segurança públicas.

b) não cabe mandado de segurança contra nenhuma espécie de lei, mas tão somente em face de ilegalidade ou abuso de poder, como previsto na Constituição, evidenciando a intenção do legislador constituinte de afastar a possibilidade de controle da juridicidade das leis por meio de mandado de segurança, opção feita em razão da construção de sistemas próprios de controle da constitucionalidade das leis e atos normativos.

c) a decisão proferida em mandado de injunção determinará prazo razoável para que o impetrado promova a edição da norma regulamentadora e estabelecerá as condições em que se dará o exercício dos direitos, liberdades ou prerrogativas reclamados ou, se for o caso, as condições em que poderá o interessado promover ação própria visando a exercê-los, caso não suprida a mora legislativa no prazo determinado, salvo se comprovado que o impetrado deixou de atender, em mandado de injunção anterior, ao prazo estabelecido para a edição da norma, quando então se deixará de fixar prazo, estabelecendo-se de imediato as condições de exercício do direito, liberdade ou prerrogativa reclamado.

d) a ação popular poderá ser proposta por qualquer pessoa, física ou jurídica, assim como pelo Ministério Público, na defesa do patrimônio público, da moralidade administrativa, do meio ambiente e do patrimônio histórico e cultural.

e) o mandado de injunção será admissível sempre que ato de autoridade pública ou agente de pessoa jurídica no exercício de atribuições do Poder Público tornar inviável o exercício dos direitos e liberdades constitucionais e das prerrogativas inerentes à nacionalidade, à soberania e à cidadania.

Gabarito: letra C.

Correto. O mandado de injunção é previsto no inciso LXXI do art. 5º da CF/88:

Art. 5º. LXXI - conceder-se-á mandado de injunção sempre que a falta de norma regulamentadora torne inviável o exercício dos direitos e liberdades constitucionais e das prerrogativas inerentes à nacionalidade, à soberania e à cidadania.

Ou seja, se um indivíduo perceber que omissão governamental está inviabilizando o exercício de seus direitos e liberdades constitucionais e das prerrogativas inerentes à nacionalidade, à soberania e à cidadania poderá utilizar-se do mandado de injunção.

Queremos que você entenda que o constituinte de 1988 criou essa figura como forma de dar efetividade ao texto constitucional. Afinal de contas, não adianta criar um direito e não viabilizá-lo posteriormente por omissão legislativa, não é verdade? Portanto, trata-se de um remédio para ser utilizado quando a norma constitucional for de eficácia limitada.

Alternativa correta, nos termos da Lei 13.300, de 23 de junho de 2016, que disciplina o processamento e o julgamento dos mandados de injunção individual e coletivo, e que dispõe, em seu art. 8º:

Art. 8o Reconhecido o estado de mora legislativa, será deferida a injunção para:

I - determinar prazo razoável para que o impetrado promova a edição da norma regulamentadora;

II - estabelecer as condições em que se dará o exercício dos direitos, das liberdades ou das prerrogativas reclamados ou, se for o caso, as condições em que poderá o interessado promover ação própria visando a exercê-los, caso não seja suprida a mora legislativa no prazo determinado.

Parágrafo único. Será dispensada a determinação a que se refere o inciso I do caput quando comprovado que o impetrado deixou de atender, em mandado de injunção anterior, ao prazo estabelecido para a edição da norma.

Questão 46: VUNESP - Hist (FUNDUNESP)/FUNDUNESP/2016

ASSUNTO: MANDADO DE INJUNÇÃO

João, por falta de norma regulamentadora, precisa que se torne viável a sua prerrogativa inerente à sua nacionalidade e cidadania. Para garantia desse direito, e conforme a Constituição Federal, João poderá impetrar

a) mandado de injunção.

b) mandado de segurança.

c) habeas data.

d) ação civil pública.

e) ação popular.

Gabarito: A.

Art. 5º. LXXI - conceder-se-á mandado de injunção sempre que a falta de norma regulamentadora torne inviável o exercício dos direitos e liberdades constitucionais e das prerrogativas inerentes à nacionalidade, à soberania e à cidadania;

Questão 47: FEPESE - Esc Pol (PC SC)/PC SC/2017

ASSUNTO: HABEAS DATA

De acordo com a Constituição Federal, conceder-se-á habeas data para:

a) garantir o relaxamento de prisão.

b) anular ato lesivo ao patrimônio público.

c) sustar violência contra a liberdade de locomoção.

d) assegurar o conhecimento de informações constantes de registros ou bancos de dados públicos.

e) exigir a edição de norma regulamentadora que viabiliza o exercício de direito inerente à cidadania.

Gabarito: Letra D.

O mestre Pedro Lenza destaca o conceito do habeas data, que está relacionado ao direito de acesso a informações (registros e banco de dados) que estejam de posse governamentais ou de caráter público e quais as hipóteses de seu cabimento, conforme vejamos:

A garantia constitucional do habeas data, regulamentada pela Lei n. 9.507, de 12.11.1997, destina-se a disciplinar o direito de acesso a informações, constantes de registros ou bancos de dados de entidades governamentais ou de caráter público, para o conhecimento ou retificação (tanto informações erradas como imprecisas, ou, apesar de corretas e verdadeiras, desatualizadas), todas referentes a dados pessoais, concernentes à pessoa do impetrante.(Pedro Lenza, Direito Constitucional Esquematizado, 2013)

Questão 48: FCC - TJ TRF5/TRF 5/Administrativa/"Sem Especialidade"/2017

ASSUNTO: HABEAS DATA

Adamastor, advogado, pretende ingressar com medida destinada à proteção de direito líquido e certo à retificação de dados a seu respeito constantes dos arquivos de repartição pública federal. Sabendo-se que Adamastor não tem condições de pagar custas processuais sem prejuízo do sustento de sua família, pode-se afirmar que para a retificação desejada deverá ingressar com

a) habeas data, sem que necessite pleitear os benefícios da Justiça gratuita em seu favor, já que, consoante a Constituição Federal, o habeas data, o mandado de injunção e o habeas corpus são ações gratuitas.

b) mandado de segurança e pleitear os benefícios da Justiça gratuita em seu favor.

c) habeas data e pleitear os benefícios da Justiça gratuita em seu favor.

d) habeas corpus, se se tratar de dados pertinentes à vida pregressa na esfera criminal, pleiteando os benefícios da Justiça gratuita em seu favor.

e) habeas data, sem que necessite pleitear os benefícios da Justiça gratuita em seu favor, já que, consoante a Constituição Federal, o habeas data e o habeas corpus são ações gratuitas.

Gabarito: E.

Correto. O habeas data é cabível contra ato de autoridade pública ou de agente de pessoa privada que possua registros ou banco de dados de caráter público (CF, art. 5º, LXXII) para acesso a informações relativas apenas à pessoa do impetrante. Adamastor poderá impetrar o HD com base na alínea "b":

Art. 5º......

LXXII - conceder-se-á habeas data:

a) para assegurar o conhecimento de informações relativas à pessoa do impetrante, constantes de registros ou bancos de dados de entidades governamentais ou de caráter público;

b) para a retificação de dados, quando não se prefira fazê-lo por processo sigiloso, judicial ou administrativo;

Questão 49: CESPE - JD (TJDFT)/TJDFT/2016

ASSUNTO: AÇÃO POPULAR

No que se refere à ação popular, assinale a opção correta.

a) A decisão proferida pelo STF em ação popular possui força vinculante para juízes e tribunais, quando do exame de outros processos em que se discuta matéria similar.

b) A ação popular sujeita-se a prazo prescricional quinquenal previsto expressamente em lei, que a jurisprudência consolidada do STJ aplica por analogia à ação civil pública.

c) Para o cabimento da ação popular é exigível a demonstração do prejuízo material aos cofres públicos.

d) O MP, havendo comprometimento de interesse social qualificado, possui legitimidade ativa para propor ação popular.

e) Compete ao STF julgar ação popular contra autoridade cujas resoluções estejam sujeitas, em sede de mandado de segurança, à jurisdição imediata do STF.

Gabarito: B.

Justificativa da banca Cespe/Unb para rejeição dos recursos:

"A jurisprudência consolidada do STJ aplica o prazo extintivo por analogia à ação civil pública. Confira-se: "(...) 1. A Segunda Seção desta Corte, no julgamento do REsp n. 1.070.896/SC, (Relator Ministro LUIS FELIPE SALOMÃO, julgado em 14/4/2010, DJe 4/8/2010), consolidou entendimento segundo o qual é de 5 (cinco) anos o prazo prescricional da ação coletiva em que se busca a tutela de direitos individuais homogêneos dos consumidores em relação à diferença de expurgos inflacionários, conforme interpretação, por analogia, do art. 21 da Lei n. 4.717/1965 (Lei da Ação Popular) (...)" (AgRg no REsp 1173874/RS, Rel. Ministro ANTONIO

CARLOS FERREIRA, QUARTA TURMA, julgado em 17/03/2015, DJe 24/03/2015) "(...) 1.4. A jurisprudência do STJ sedimentou o entendimento de que, em se tratando de ação civil pública, deve ser aplicado, por analogia, o prazo prescricional quinquenal a que alude o art. 21 da Lei 7.347/1985. Tal entendimento se deve ao fato de que a ação civil pública e a ação popular objetivam a proteção dos mesmos direitos difusos e coletivos. Precedentes: AgRg no REsp 1.150.786/PR, Relator Ministro Sebastião Reis Júnior, Sexta Turma, DJe 7/4/2014; AgRg no AREsp 213.642/RN, Relator Ministro Benedito Gonçalves, Primeira Turma, DJe 24/4/2013; AgRg no REsp 1.185.347/RS, Relator Ministro Humberto Martins, Segunda Turma, DJe 25/4/2012; e REsp 406.545/SP, Relator Ministro Luiz Fux, Primeira Turma, DJ 9/12/2002.(...)" (REsp 1081099/PR, Rel. Ministro BENEDITO GONÇALVES, PRIMEIRA TURMA, julgado em 03/03/2015, DJe 09/03/2015). A opção, "O MP, havendo comprometimento de interesse social qualificado, possui legitimidade ativa para propor ação popular", está incorreta. Não se confunde ação popular com ação civil pública. A legitimidade ativa para propor ação popular é do cidadão, nos termos do art. 5°, LXXIII, da CF, verbis: "qualquer cidadão é parte legítima para propor ação popular que vise a anular ato lesivo ao patrimônio público ou de entidade de que o Estado participe, à moralidade administrativa, ao meio ambiente e ao patrimônio histórico e cultural, ficando o autor, salvo comprovada má-fé, isento de custas judiciais e do ônus da sucumbência".

Questão 50: ADVISE - Ass Jur (Cuité Mama)/Pref Cuité Maman/2016

ASSUNTO: AÇÃO POPULAR

Em relação à ação popular, analise as afirmativas abaixo e assinale a alternativa correta:

I. A ação popular destina-se à concretização do princípio republicano, em que o administrador público deve prestar contas em relação à gestão pública.

II. Apenas aquele que possui capacidade eleitoral ativa é parte legítima para propor ação popular.

III. O cabimento de ação popular não exige a comprovação de efetivo dano material ou pecuniário.

Está(ão) correto(s) o(s) item(ns):

a) Apenas I está correta.

b) Apenas II está correta.

c) Apenas III está correta.

d) Apenas I e II estão corretas.

e) I, II e III estão corretas.

Gabarito: E

e) I, II e III estão corretas. (CORRETO)

A Ação Popular faz parte do rol das chamadas ações constitucionais, pois tem base diretamente na Constituição Federal, e serve para anular ato lesivo ao patrimônio público ou de entidade de que o Estado participe, à moralidade administrativa, ao meio ambiente e ao patrimônio histórico e cultural, e foi regulamentada pela lei federal nº 4.717/1965.

De acordo com a doutrina de Pedro Lenza, junto como o voto, a iniciativa popular, o plebiscito e o referendo, a ação popular constitui importante instrumento da democracia direta e participação política, buscando-se a proteção da res publica vista como interesse difuso. (Direito Constitucional Esquematizado, 19ª Ed, 2015, Saraiva, Ebook, pág. 1784)

Vejamos o teor do art. 5º, inciso LXXIII, da CF: LXXIII - qualquer cidadão é parte legítima para propor ação popular que vise a anular ato lesivo ao patrimônio público ou de entidade de que o Estado participe, à moralidade administrativa, ao meio ambiente e ao patrimônio histórico e cultural, ficando o autor, salvo comprovada má-fé, isento de custas judiciais e do ônus da sucumbência;

Assim, a ação popular destina-se à concretização do princípio republicano, em que o administrador público deve prestar contas em relação a sua gestão pública.

Esquematizando, para que surja o direito do cidadão ao ajuizamento da Ação Popular deve haver pelo menos um dos seguintes requisitos, mas sem exigência da comprovação de efetivo dano material ou pecuniário:

- lesividade ao patrimônio público ou de entidade de que o Estado participe (administração direta, indireta, entidades paraestatais, empresas públicas, sociedades de economia mista ou qualquer pessoa jurídica que se beneficie com dinheiro público);
- lesividade à moralidade administrativa;
- lesividade ao meio ambiente;
- lesividade ao patrimônio histórico e cultural.

Por fim, frise-se que o único legitimado para ajuizar Ação Popular é o CIDADÃO, cuja prova da cidadania, para ingresso em juízo, será feita com o título eleitoral, ou com documento que a ele corresponda. Em outras palavras, apenas aquele que possui capacidade eleitoral ativa é parte legítima para propor ação popular:

CF, art. 5º. LXXIII - qualquer cidadão é parte legítima para propor ação popular que vise a anular ato lesivo ao patrimônio público ou de entidade de que o Estado participe, à moralidade administrativa, ao meio ambiente e ao patrimônio histórico e cultural, ficando o autor, salvo comprovada má-fé, isento de custas judiciais e do ônus da sucumbência;

Lei nº 4.717/65, art. 1º. §3º A prova da cidadania, para ingresso em juízo, será feita com o título eleitoral, ou com documento que a ele corresponda.

Assim, os estrangeiros (salvo o português e com reciprocidade de direitos), as pessoas jurídicas e aqueles que tiverem seus direitos políticos suspensos ou declarados perdidos estão impedidos de entrar com ação popular em juízo.

Confirmado o gabarito: letra E.

SOBRE O AUTOR

Meu nome é Fábio Silva, marido de Anne Louise e pai da Valentina Silva, atualmente exerço a profissão de Delegado de Polícia Civil no Estado do Amazonas, entretanto já logrei aprovação em outros concursos públicos, como por exemplo para Analista do Tribunal de Justiça do Amazonas.

Ministro aulas para concursos públicos há mais de 10 anos nas disciplinas direito administrativo e constitucional, bem como legislações especiais.

Conto com milhares de concurseiros nas redes sociais, onde ministro aulas e dicas gratuitamente:

Canal Youtube: Sou Concurseiro e Vou Passar

Instagram: @souconcurseiro ou @deltafabiosilva

Facebook: Sou Concurseiro e Vou Passar

Minha maior missão como professor nesta vida de concursos públicos é motivar meus alunos no sentido que é possível alcançar a aprovação, que existe um novo futuro após está tempestade na sua vida chamada: preparação para concurso público.

Grande abraço!!!

Professor Fábio Silva

Qualquer dúvida, vai ser um prazer enorme poder ajudar no que for possível, me mande um WhatsApp: (92) 98233-4300.

www.ingramcontent.com/pod-product-compliance
Lightning Source LLC
Chambersburg PA
CBHW072013230526
45468CB00021B/1255